LES 4 CROYANCES QUI VOUS EMPÊCHENT D'ÊTRE LIBRE

Direction de la publication : Isabelle Jeuge-Maynart et Ghislaine Stora
Direction éditoriale : Élodie Bourdon
Édition : Mélissa Lagrange
Conception de la couverture : François Lamidon
Conception de la maquette intérieure, mise en pages et illustrations :
Nord Compo
Préparation de copie : Muriel Villebrun
Relecture : Larence Joan-Grangé
Fabrication : Émilie Mortier

ISBN : 978-2-03-597669-7

Valérie Roumanoff

Préface de Frédéric Lenoir

LES 4 CROYANCES QUI VOUS EMPÊCHENT D'ÊTRE LIBRE

LAROUSSE

PRÉFACE

On ne naît pas libre, on le devient. Et le principal obstacle à notre libération, c'est nous-mêmes. Ou plus précisément les pensées erronées que nous portons sur nous-mêmes, sur les autres ou sur le monde. Ces pensées fausses proviennent, le plus souvent, de notre petite enfance. À force d'entendre qu'il est nul en musique, par exemple, un enfant finira par s'en persuader, et pourra rester toute sa vie prisonnier de cette pensée, renonçant à réaliser son rêve profond de chanter, ou bien de jouer de tel ou tel instrument. Du Bouddha à Marc Aurèle, les sages de l'Antiquité avaient bien compris à quel point nos pensées, justes ou erronées, conditionnaient toute notre vie, et nous invitaient déjà à les passer au crible de la raison pour qu'elles ne restent pas de simples opinions forgées par autrui ou par notre imagination, autrement dit des croyances.

Au XVIIe siècle, le grand philosophe néerlandais Baruch Spinoza, véritable pionnier de la psychologie des profondeurs, montre que la plupart de nos croyances (ou pensées inadéquates) sont liées à des émotions ou à des désirs inconscients. C'est parce que j'ai eu peur qu'un chien me morde lorsque j'étais enfant que je pense que tous les chiens sont dangereux et que je reste esclave de cette peur paralysante. Pour se libérer de nos croyances limitantes, il s'agit donc d'apprendre à se connaître, d'analyser nos pensées, tout en essayant de rendre conscients les émotions et les sentiments qui leur sont liés. C'est le travail de toute une vie, mais c'est un travail réjouissant, car il nous apporte un trésor sans prix : la liberté d'être soi.

C'est la raison pour laquelle ce petit livre de Valérie Roumanoff est si précieux. Écrit dans un langage très accessible, il décrit fort bien la genèse de nos croyances et les principales croyances qui nous limitent : « c'est impossible » ; « je n'en suis pas capable » ; je ne le mérite pas » ; « je suis coupable ». Mêlant réflexion, exemples concrets, citations de grands auteurs et exercices pratiques, c'est un modèle de pédagogie.

Si vous avez déjà compris que le plein épanouissement de votre vie était limité par vos propres croyances, alors vous avez sans doute fait le pas le plus important et je vous invite à lire, un crayon à la main, ce petit traité de libération, et donc de joie.

Frédéric Lenoir

SOMMAIRE

RECOMMANDATIONS

Pour écouter les six pistes audio téléchargeables via les QR codes, installez-vous dans un endroit calme et confortable où vous êtes sûr de ne pas être dérangé. **N'écoutez pas ces enregistrements en voiture** ou en faisant une activité qui demande de l'attention. L'hypnose est un état naturel et bénéfique. Vous restez conscient pendant que votre inconscient travaille pour vous et vous pourrez ensuite vous souvenir de tout ce qui s'est passé.

Pour en savoir plus sur l'hypnothérapie, je vous invite à visiter mon site Internet : www.pourallermieux.com

INTRODUCTION

Pour comprendre ce qui nous entoure, nous sommes tous dotés d'une machine à fabriquer des explications, une sorte de décodeur intérieur, tout à fait personnel, qui permet d'y voir plus clair (en principe). Cette machine crée en permanence des pensées qui nous permettent de nous diriger dans le monde. Ces pensées, dont nous n'avons pas toujours conscience, contrôlent nos émotions, nos paroles et nos actions. On se croit parfois influencé par les autres ou par la société, alors que nous sommes, en fait, les principaux créateurs de notre réalité. Comme le disait déjà Marc Aurèle au Ier siècle de notre ère : « Ce sont les pensées d'un homme qui déterminent sa vie. » Très bien, me direz-vous, mais alors, comment reprendre le contrôle de nos pensées pour orienter notre vie dans la bonne direction ? Comment s'affranchir de ces idées qui nous empêchent d'être libres (de nos choix, de nos émotions, de nos actions) ?

> « Nous sommes ce que nous pensons. Avec nos pensées, nous bâtissons notre monde. »
>
> **Bouddha**

On peut en effet avoir parfois l'impression que l'on agit « malgré soi », que « c'est plus fort que nous ». Alors, si on est à l'origine de la création de nos pensées, comment se fait-il qu'on ne soit pas content du résultat obtenu ? C'est que, la plupart du temps, ces pensées que l'on appelle « croyances » se sont mises en place de façon inconsciente. On ne s'est pas réveillé un matin, en se disant « Tiens, à partir d'aujourd'hui, je vais penser que pour être aimé, je dois faire plaisir » ou « Maintenant, je vais être persuadé que je n'ai pas le droit à l'erreur, ça va sûrement beaucoup m'aider » ou « Je décide ce matin qu'il faut souffrir pour avoir le droit d'être heureux, ça me paraît vraiment une bonne idée » ! Non, ces croyances se sont installées en dehors de notre contrôle conscient, et bien souvent, on n'est même pas au courant qu'elles sont (encore) là aujourd'hui, et qu'elles dirigent notre vie.

Pour être libre, la première chose à faire est justement de prendre conscience de l'existence de ces croyances pour pouvoir déterminer ensuite s'il est plus intéressant de les conserver ou de les modifier. Faire une sorte d'inventaire de ce qui est en place permet de mettre de l'ordre dans ses idées pour pouvoir modifier ce qui n'est plus utile (voire périmé) aujourd'hui et créer de nouvelles croyances plus bénéfiques pour soi. En effet, même si ces pensées nous ont aidés à nous construire et à survivre jusqu'ici, elles sont pour certaines devenues complètement obsolètes et nous enferment en nous empêchant d'avancer.

Ce livre vous invite à faire une sorte de mise à jour de votre système intérieur de manière à découvrir les programmes qui ralentissent votre disque dur et à reprendre le contrôle de votre processeur personnel. En modifiant les croyances qui vous limitent, vous gagnez en liberté et en confiance. Il est alors possible d'avoir la maîtrise de vos émotions avec le même savoir-faire qu'un capitaine qui tient la barre de son bateau pour arriver à bon port. Les paroles et les actions qui en découlent suivront le même chemin, celui de votre bien-être.

Pour se libérer, c'est presque aussi simple que d'appuyer sur le bouton « mise à jour » de votre ordinateur, il suffit la plupart du temps de considérer les choses sous un angle nouveau. D'habitude, nous cherchons à contrôler ce qui n'est pas contrôlable : les autres, les évènements, l'extérieur, et on en oublie le formidable pouvoir que nous possédons tous, celui de choisir ce qu'on se raconte (à l'intérieur). Ce contrôle-là est possible, il est même souhaitable, car il nous met en contact avec notre puissance personnelle. Personne ne vient mettre dans votre tête les pensées qui sont les vôtres. Vous avez le pouvoir de les modifier, de les aménager, de les façonner de la manière la plus pertinente pour vous, en fonction de vos critères, de vos valeurs, de votre identité.

La première partie de ce livre vous permet de tout savoir sur les croyances. Quelles sont-elles ? Comment et pourquoi se sont-elles créées ? Quelles sont les techniques pour les transformer ou s'en débarrasser ?

La deuxième partie est consacrée aux 4 principales croyances qui nous « pourrissent la vie » :

– « Ce n'est pas possible. »

– « Je n'en suis pas capable. »

– « Je ne le mérite pas. »

– « C'est de ma faute. »

En comprenant comment et pourquoi elles sont apparues dans votre vie et avec des études de cas à l'appui, vous aurez toutes les clefs pour vous en libérer et laisser la place à des pensées plus utiles pour vous aujourd'hui.

Vous trouverez également tout au long du livre des exercices pratiques et des séances d'hypnose à écouter pour pouvoir être tout à fait autonome dans cette transformation intérieure, car comme le disait le philosophe William James : « La plus grande découverte de notre temps a été de s'apercevoir qu'un homme peut changer sa vie en modifiant sa façon de penser. » Alors, autant en profiter, non ?

1. Qu'est-ce qu'une croyance ?

Définition

Une croyance est une certitude que l'on a sur la vie, sur soi, sur les autres, sur le monde. On pourrait penser que le mot est mal choisi, puisque « croire » et « être sûr » sont deux choses bien différentes. Les croyances s'appellent comme cela car elles ne répondent pas à un système logique universel, mais seulement à la logique interne de la personne qui les a mises au point ou se les est appropriées (car vous verrez que l'on peut aussi piquer les croyances des autres, sans leur reverser de royalties d'ailleurs).

> « Tout ce qui peut être imaginé est réel. »
>
> **Pablo Picasso**

Une certitude qui nous guide

Le système de croyance d'un individu détermine ses pensées, ses émotions, ses décisions, ses actions. Grâce à lui, il sait ce qui est vrai, bien, important. C'est une sorte de boussole intérieure qui permet de se frayer un chemin dans la jungle qu'est la vie. (D'ailleurs, pensez-vous que la vie est une jungle ? Si oui, c'est une bonne nouvelle ! Vous venez d'identifier une de vos croyances ! Si non, c'est une bonne nouvelle aussi, car cela veut dire que pour vous, la vie n'est pas forcément un environnement hostile, ce qui est toujours ça de pris !).

Les croyances relient nos valeurs entre elles. Faites-vous partie de ceux qui croient par exemple qu'« il faut travailler dur pour réussir » ? Si vous êtes persuadé que la réussite vient du travail, c'est que la valeur « réussite » et la valeur « travail » sont importantes pour vous. En les reliant de cette façon, vous donnez du sens à ce que vous vivez ou à ce que vous observez chez les autres : « C'est normal qu'il ait du succès, il a beaucoup travaillé. » Des évènements sans lien apparent entre eux deviennent alors logiques et rassurants. Une croyance permet souvent d'établir une relation de cause à effet qui explique les choses : « J'ai échoué parce que je n'ai pas assez travaillé », « Si seulement j'avais travaillé plus… » On tient grâce à elle le coupable, ce qui est toujours réconfortant : on n'a pas réussi, mais on sait pourquoi ! Et enfin, la croyance permet de déterminer les frontières de ce qui est possible ou non : « Tu ne pourras pas réussir si tu continues à te la couler douce comme ça ! » Comme si on dressait les limites de notre territoire et de celui des autres, les contours de la carte dans laquelle on évolue. Et ce n'est qu'un aperçu de tout ce que cette petite phrase peut faire (comme dégât parfois)… Alors, quand vous réalisez que nos croyances sont aussi nombreuses que nos pensées, ça laisse rêveur, non ?

Même si la vie n'est pas forcément une jungle pour tous, tout le monde essaie malgré tout de se repérer, pour savoir comment avancer et dans quelle direction. La question que l'on peut se poser est : selon quels critères ? Qu'est-ce qui nous fait croire que cette route-là est la bonne ? Qu'est-ce qui nous fait penser que telle personne qui prend un autre chemin se trompe ? Croyez-vous qu'il faut profiter d'une éclaircie pour se mettre en route maintenant ou qu'il vaut mieux attendre la nuit pour éviter les bêtes sauvages ? En fonction de quoi prend-on toutes ces décisions au quotidien ? Vous allez peut-être me dire que vous, vous vous contentez de prendre le métro (ou votre voiture) le matin pour aller travailler et que vous ne vous posez pas toutes ces questions. Ce qui est intéressant, c'est justement de se rendre compte du mécanisme complexe qui vous pousse à vous lever le matin pour effectuer ce job qui ne vous plaît peut-être pas tant que ça (mais comme « il faut travailler dur pour réussir », le plaisir n'a pas forcément sa place ici, si ?).

Une certitude qui est à l'origine de nos émotions

Une croyance est une pensée qui est vraie pour nous, selon notre logique interne spécifique. Une fois installée, elle va influencer nos autres pensées dont découlent nos émotions et nos actions. Toute notre vie, en fait. D'où l'intérêt de s'y intéresser de près, n'est-ce pas ?

Si j'échoue à un examen et que je crois qu'il faut travailler dur pour réussir, je vais me sentir coupable de ne pas l'avoir fait (assez), ce qui va provoquer une émotion pénible, des reproches en cascades, et peut-être même une légère déprime. Si je crois que le fait d'échouer prouve que cet examen n'est pas fait pour moi, je vais commencer à me demander ce qui me conviendrait mieux et me sentir libre de prendre une autre direction professionnelle, ce qui va provoquer une émotion bien différente ! (On se sent toujours mieux quand on est libre.) Et aussi d'autres pensées : « Qu'est-ce qui me plairait vraiment ? Pour quoi suis-je fait ? Quelle belle opportunité pour choisir (enfin) un métier qui me convient complètement ! » Ce n'est donc pas le fait d'avoir raté qui déclenche telle ou telle émotion, mais plutôt ce que je me raconte à propos de cet échec : ce que je crois que ça signifie, ce que je crois que ça montre, ce que je crois que ça prouve.

Et ça marche aussi quand on réussit. Si je crois que le travail paie et que j'ai réussi, je peux m'interdire d'être fier de moi : « J'ai travaillé suffisamment, c'est tout, je n'ai aucun mérite. » (Le mérite qu'on s'attribue étant souvent lié au caractère exceptionnel de l'effort fourni.) « Je n'ai aucune compétence particulière, si ce n'est d'avoir travaillé suffisamment. » Si je n'ai pas cette croyance, je peux me réjouir de cette réussite, me l'attribuer entièrement et m'en servir pour augmenter ma confiance en moi : « J'ai réussi, je suis capable de réussir des choses ! Je suis capable d'y arriver ! » Tout dépend donc de notre interprétation des faits, qui est elle-même directement liée à la nature de nos croyances. **Ce que je me raconte fait de ma vie ce qu'elle est.**

L'histoire de la prison imaginaire

Une légende du Moyen Âge raconte qu'un riche bourgeois fut arrêté par son seigneur et conduit au bas d'un escalier par un geôlier portant une énorme clef. La porte d'un cachot s'ouvrit, il fut poussé dedans, puis la porte se referma avec un grand bruit. Chaque jour qui suivit, le geôlier ouvrait la porte, déposait de l'eau et du pain, puis refermait la porte.

Au bout de vingt ans, le prisonnier se résolut à ne plus endurer son martyre. Il désirait mourir et décida d'attaquer le gardien afin que celui-ci le tue en retour. Il examina soigneusement la porte en prévision du lendemain, saisit la poignée et la tourna. À sa stupéfaction, la porte s'ouvrit. Il s'aperçut qu'elle ne possédait pas de serrure et qu'il n'avait été enfermé pendant vingt ans que parce qu'il avait cru l'être ! Il traversa timidement le couloir et monta l'escalier. Au sommet, deux soldats qui bavardaient ne firent aucune tentative pour l'arrêter. Il traversa la cour d'honneur sans plus de difficulté. Des sentinelles armées se tenaient sur le pont-levis. Elles non plus ne firent pas attention à lui. Il sortit, libre.

Il rentra chez lui et vécut heureux. Il aurait pu ouvrir la porte du cachot à n'importe quel moment, s'il avait su... mais il ne savait pas. Il n'était captif ni de la pierre, ni du fer, ni des gardes, mais de ses présupposés et d'une croyance. Il n'était prisonnier que de son esprit.

Une certitude qui se réalise

Une croyance rassure, on sait grâce à elle ce qui va se passer, à quoi s'attendre, elle trace notre route (dans cette fameuse jungle) en nous servant de guide. C'est la carte avec laquelle on se repère, à la fois pour savoir où l'on se trouve et où l'on doit aller (mais aussi où se trouvent les autres). Et pour que notre carte soit juste, on est prêt à faire pas mal d'entorses à la réalité (des faits). Quand ce qu'on perçoit de ce qui nous entoure ne correspond pas à notre carte, on préfère transformer nos perceptions plutôt que de modifier notre précieuse carte.

> « Les gens ne voient que ce qu'ils sont préparés à voir. »
>
> **Ralph Waldo Emerson**

■ Omission

Carole est persuadée d'être maladroite. Dès qu'elle fait tomber quelque chose, elle s'écrie « Ce que je peux être maladroite ! » ce qui renforce à chaque fois sa croyance. D'ailleurs, petite, sa mère lui répétait cette phrase à longueur de journée. Carole ne tient absolument pas compte des milliers de fois dans la journée où elle transporte quelque chose sans le faire tomber. Elle « omet » de le remarquer, elle ne s'en aperçoit même pas, car cela pourrait remettre en cause sa croyance sur sa prétendue maladresse, et elle préfère maintenir la cohérence de son monde. Nous agissons tous de la même façon. Les informations fournies par la réalité sont bien trop nombreuses pour être toutes prises en compte. Pour s'y retrouver, on est obligé de filtrer, de sélectionner, et donc d'omettre une grande partie de ce qui se passe autour de nous.

La loi de Miller : 7 informations + ou – 2

Grâce au psychologue George A. Miller, nous savons que nous pouvons consciemment percevoir 7 (plus ou moins 2) informations sur une courte durée : vous savez que vous êtes en train de lire, dans quelle position vous vous trouvez, quelle est la température, les bruits autour de vous, les odeurs peut-être... Ce sont des informations conscientes. Pour ce qui est de nos perceptions inconscientes, les chiffres diffèrent : de 3 000 informations à plusieurs millions par seconde. Et impossible de vérifier, sinon ces informations deviendraient conscientes, n'est-ce pas ? Quoi qu'il en soit et même si l'on ne prend en compte que la première estimation de 3 000 informations perçues chaque seconde inconsciemment, ça donne une idée de ce que l'on omet de percevoir chaque jour : tout un pan de la réalité qui nous échappe, consciemment donc (d'où l'intérêt de l'hypnose, soit dit en passant, qui permet d'avoir accès à cette grande quantité de ressources inconscientes qui est en chacun de nous, tel un trésor caché à l'intérieur et pourtant facilement accessible).

■ Distorsion

Les faits sont des faits, et pourtant... Dans son travail, Justin ne se croit « pas à la hauteur » (à la hauteur de quoi ? De qui ? Ne s'est-il jamais posé la question ?). Quand il reçoit un compliment sur un dossier rendu, il ne l'écoute pas pour être sûr de ne pas pouvoir se le rappeler. Et si on le lui répète, il dira : « Oui, mais elle a dit ça pour être gentille » et passera à autre chose. Quand, au contraire, quelqu'un lui fait une critique, il se la passera en boucle sur son enceinte Bluetooth intérieure, matin, midi et soir. Si on lui dit « Ce collègue t'a dit ça parce qu'il est jaloux de ta promotion », il répondra « Pas du tout, c'est parce qu'il est objectif ! », convaincu d'avoir raison. Prendre les compliments pour de la gentillesse et les critiques pour de l'objectivité est une bonne façon de garder une mauvaise image de soi. C'est en tout cas la stratégie efficace adoptée par beaucoup de personnes qui se plaignent ensuite de ne pas avoir suffisamment « confiance en eux ». En quoi les critiques seraient-elles forcément plus objectives que les compliments ? En quoi les échecs seraient plus significatifs que les réussites ? En distordant la réalité pour la faire coller à nos croyances, nous maintenons notre monde en place, nous nous rassurons sur l'existence de ces vérités immuables qui nous font croire que nous avons le contrôle.

Que percevons-nous de la réalité ?

La réalité passe à travers différents filtres avant d'arriver jusqu'à nous.

Des filtres neurologiques : ce sont nos cinq sens qui nous permettent de percevoir la réalité et nous sommes donc dépendants des capacités de nos organes sensoriels et du fonctionnement de notre système nerveux. Certains animaux, par exemple, ont des perceptions bien supérieures aux nôtres. Nous ne pouvons pas entendre les infrasons (fréquence inférieure à 20 Hz) contrairement à la taupe et à l'éléphant, ni les ultrasons (fréquence supérieure à 20 000 Hz) contrairement aux chiens, aux chats ou aux dauphins, qui ont donc une perception de la réalité différente de la nôtre.

Des filtres socioculturels influencent nos interprétations. En Inde, par exemple, le blanc est la couleur du deuil. C'est en fonction de notre culture, de notre environnement, des codes de la société dans laquelle nous nous trouvons que nous allons comprendre (complètement, partiellement ou pas du tout) ce qui se passe autour de nous.

Des filtres individuels : notre éducation, l'influence des figures parentales, les expériences de notre enfance et de notre vie d'adulte influencent notre manière de percevoir le monde. C'est ici que se situent les croyances qui nous empêchent de voir la réalité dans sa globalité.

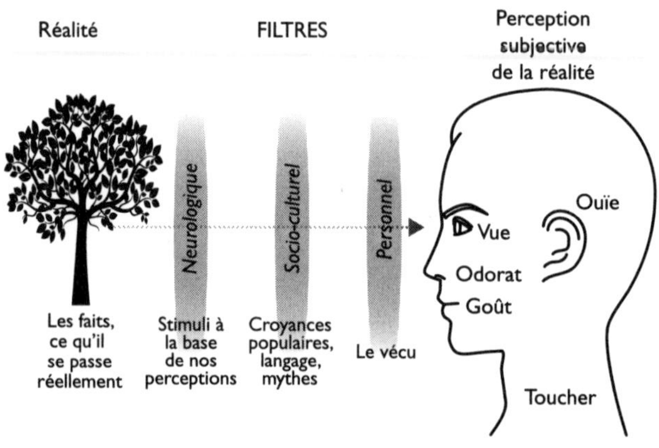

▪ Prophéties auto-réalisatrices

Le sociologue américain Robert K. Merton a été le premier à employer de terme de « prophétie auto-réalisatrice » pour désigner le processus par lequel les croyances qui sont les nôtres finissent toujours par se réaliser. Il s'est basé sur le « théorème de Thomas » de William Isaac Thomas qui met en évidence que les comportements des individus s'expliquent par leur perception de la réalité et non par la réalité elle-même. « C'est, au début, une définition fausse de la situation qui provoque un comportement qui fait que cette définition initialement fausse devient vraie », explique Robert K. Merton.

Antony est persuadé qu'il ne peut pas réussir un examen du premier coup : « J'ai raté mon BEPC la première fois, mon bac la première fois, mon permis la première fois, je suis sûr que je vais rater ma certification d'hypnose aujourd'hui », m'explique-t-il en entrant dans la salle d'examen. Et c'est en effet ce qui arrive.

« Je le savais ! » est typiquement la phrase qui permet de savoir que l'on a mis le doigt sur une croyance. On s'est arrangé (le plus souvent inconsciemment) pour que la réalité colle à notre anticipation. Si l'on croit que telle personne est près de ses sous, à chaque fois qu'il est question de payer, on va la regarder d'un air plein de sous-entendus, ou faire une réflexion, ou avoir une attitude particulière qui va en effet provoquer ce comportement chez notre interlocuteur. « Je le savais ! Je l'ai vu venir ! Je ne tombe que sur des mecs radins de toute façon ! » On passe notre temps à vérifier que ce que l'on croit est vrai. Et quand les preuves que nous nous trompons sont accablantes, qu'à cela ne tienne, on s'arrange pour trouver le moyen de continuer à y croire quand même !

Voici une petite histoire racontée par Abraham Maslow qui illustre bien notre volonté de conserver coûte que coûte nos croyances : un psychiatre se trouve confronté à un patient qui est persuadé d'être un cadavre. Impossible de le faire changer d'avis. Le psychiatre essaie toutes sortes de moyens de le convaincre de son erreur, sans succès. Finalement, il lui dit : « Vous savez que les cadavres ne saignent pas, je vais vous piquer le bras avec cette aiguille et vous allez voir par vous-même. » Le patient accepte l'expérience. Quand le psychiatre le pique, il saigne et s'écrie : « Ça alors, je ne l'aurais jamais cru, les cadavres saignent ! »

Avez-vous déjà eu l'impression d'avoir tout fait pour changer quelque chose ? D'être dans une impasse ? Et malgré toute votre bonne volonté, rien ne bouge ? Alors, vous pouvez être sûr d'avoir mis le doigt sur une ou plusieurs croyances qui viennent interférer avec vos efforts répétés. On croit souvent que le changement est une histoire de volonté, mais il n'en est rien. Il est nécessaire d'avoir le désir de changer pour pouvoir le faire, mais la volonté n'a rien à voir là-dedans. En effet, la volonté implique un effort à faire dans une lutte à mener contre soi-même, ce qui est toujours contre-productif, alors que le désir est un moteur positif qui permet d'organiser les choses d'une manière différente plus naturellement. Ces croyances que certains appellent « des virus de la pensée » peuvent agir de la même manière qu'un virus informatique pour détraquer le fonctionnement de votre disque dur. Pour rester dans cette métaphore 2.0, je préfère décrire les croyances comme des programmes installés depuis longtemps car ils ont été utiles à notre survie à un moment donné. Pour certains de ces programmes, il peut être nécessaire de faire une mise à jour pour améliorer le fonctionnement général de la machine et la libérer de ce qui l'entrave dans son développement. Il n'y a rien à « combattre », ni à « détruire », mais seulement une nouvelle organisation à mettre en place. (C'est en tout cas ma croyance, qui s'appuie bien évidemment sur des faits réels… mais si, je vous jure !)

Comment sont les gens ? (Conte soufi)

Il était une fois un vieil homme, assis à l'entrée d'une ville au Moyen-Orient. Un jeune homme s'approcha et lui demanda :

— Je ne suis jamais venu ici. Comment sont les gens qui vivent dans cette ville ?

Le vieil homme lui répondit par une question :

— Comment étaient les gens dans la ville d'où tu viens ?

— Égoïstes et méchants. J'étais bien content d'en partir.

— Tu trouveras les mêmes ici, lui répondit le vieil homme.

Un peu plus tard, un autre jeune homme s'approcha et lui posa la même question :

— Je viens d'arriver dans la région. Comment sont les gens qui vivent dans cette ville ?

Le vieil homme répondit de même :

— Comment étaient les gens dans la ville d'où tu viens ?

— Ils étaient bons, accueillants et honnêtes. J'y avais de nombreux amis et j'ai eu beaucoup de mal à les quitter.

— Tu trouveras les mêmes ici, lui répondit le vieil homme.

Un marchand avait entendu les deux conversations. Dès que le second jeune homme s'éloigna, il s'adressa au vieillard :

— Comment peux-tu donner deux réponses complètement différentes à la même question posée par deux personnes ?

Le vieil homme lui répondit :

— Chacun porte son univers dans son cœur. D'où qu'il vienne, celui qui n'a rien trouvé de bon par le passé ne trouvera rien de bon ici non plus. Par contre, celui qui avait des amis dans l'autre ville trouvera ici aussi des amis loyaux et fidèles. Car, vois-tu, les gens se comportent vis-à-vis de nous selon ce que nous projetons sur eux.

À VOUS !

« Des croyances ? Moi, j'en ai pas ! » Voyons voir…

Il existe plusieurs façons de mettre le doigt sur nos croyances. Voici un exercice qui vous permettra d'en dénicher (au moins) quelques-unes.

1. Pensez à quelque chose que vous avez essayé de changer sans succès. (On parle de quelque chose qui vous concerne vraiment là, pas d'une ampoule, hein !)

Je n'ai pas réussi à………………………………………………………………………
(maigrir, arrêter de fumer, changer de travail, arrêter de crier sur mes enfants, arrêter de crier sur mon conjoint…).

Qu'est-ce que ça veut dire **sur vous** que vous n'ayez pas réussi à changer ça ?

Ça veut dire que je………………………………………………………………………
…………………………………………………………………………………………………

Exemple : Je n'ai pas réussi à arrêter de fumer, ça veut dire que je suis faible, que je n'ai pas de volonté. Si c'est votre croyance, la suite logique du raisonnement est que ça ne sert à rien de lutter, et vous continuez donc à fumer ! C'est pourquoi modifier une croyance est la première étape de tout changement important.

2. Maintenant que vous avez identifié une croyance négative, cherchons une croyance positive, histoire de vous remonter un peu le moral (car, pour apprendre à changer de croyance, il faudra encore patienter jusqu'à la fin de ce chapitre…).

Pensez à quelque chose que vous savez faire et que vous prenez plaisir à faire :

Je sais très bien faire ....
(la cuisine, l'amour, jardiner, m'occuper de mes enfants, me mettre du vernis, bricoler, conduire, chanter…).

En quoi est-ce que je crois quand je fais ce que je fais ?

Je crois que je suis..
(une bonne cuisinière, un parent compétent, une femme sexy, un homme viril – tant qu'à rester dans les clichés…).

Voilà, vous avez maintenant pris conscience de deux choses que vous pensez sur vous-même. Un premier pas vers la connaissance de soi, et un premier pas important ! Car, comme le disait Lao Tseu : « Un voyage de mille lieues, commence toujours par un premier pas. » Pouvez-vous déjà imaginer jusqu'où ce voyage intérieur vous mènera ?…

Comment naît une croyance ?

Les croyances qui déterminent nos décisions sont en fait le fruit de conclusions que nous avons élaborées à un certain moment de notre vie.

Avec une expérience émotionnellement forte

Notre cerveau analyse chaque expérience que nous vivons : plus l'expérience est forte émotionnellement, plus elle donne lieu à une conclusion qui aura de l'importance par la suite. Si je sors sans manteau en hiver et que j'attrape un rhume, j'en conclus qu'il faut se

> « Les choses ne sont ni bonnes ni mauvaises. C'est de le penser qui les rend ainsi. »
>
> **William Shakespeare**

couvrir pour rester en bonne santé. Chaque expérience nous permet d'apprendre quelque chose et de rectifier le tir si besoin pour ne pas reproduire les mêmes erreurs.

Expérience émotionnellement forte

Évaluation de la situation

Conclusion

Généralisation sous la forme d'une croyance

Comportement

Le problème est de tirer de mauvaises conclusions, ou plutôt de faire des rapprochements entre deux choses qui n'ont en réalité rien à voir. Si je sors avec un t-shirt rouge un soir d'hiver et que j'attrape un rhume, je peux en conclure qu'il ne faut jamais mettre de rouge en hiver pour rester en bonne santé. Notre conclusion se base sur notre expérience, elle n'obéit pas à la logique. Ou plutôt, si, elle obéit à la logique de l'expérience, ce qui est bien différent. Ensuite, on généralise cette conclusion à toutes les autres expériences semblables. Si je pleure et suis puni sévèrement, j'en conclus que je ne dois jamais plus exprimer ma tristesse et je généralise ensuite à toutes mes émotions (on n'est jamais trop prudent), ma croyance peut alors s'exprimer ainsi : « Pour être aimé, je ne dois pas montrer mes émotions. »

Comme le dit Robert Dilts, qui a beaucoup travaillé sur les systèmes de croyance : « Vous agissez peut-être encore avec des croyances qui ont été programmées quand vous n'aviez pas les ressources pour apprécier et décider de la qualité de l'information. » Selon lui, la plupart de nos croyances se sont installées avant l'âge de 5 ans. Et à 5 ans, on peut en effet croire que c'est la couleur de notre t-shirt qui nous a fait prendre froid, ou qu'une punition était « méritée ». Le problème, c'est quand on se retrouve trente ou quarante ans plus tard à toujours agir comme si c'était vrai et à y croire dur comme fer : « Mais bien sûr qu'il faut travailler dur pour réussir, voyons, tout le monde sait ça ! » Si vous avez la croyance que le travail paie, ça ne vous vient jamais à l'idée de remettre cette affirmation en doute. C'est comme si elle était inscrite dans votre programmation de base, avec l'inscription : « Attention, ne pas toucher, danger ! »

Qui est Robert Dilts ?

Robert Dilts est un coach et chercheur de renommée internationale né en 1955. Il a largement contribué au développement de la programmation neuro-linguistique (PNL) créée par Richard Bandler et John Grinder dans les années 1970. La PNL, assez mal connue du grand public, peut être définie comme un mode d'emploi du cerveau humain. Plus on maîtrise les outils PNL, plus on dirige facilement notre vie, en accord avec nos valeurs profondes.

Robert Dilts a notamment développé des techniques essentielles dans le changement de croyances, comme le re-emprunting, un protocole qui permet de changer « l'empreinte » laissée par le passé. Il est également devenu un expert en stratégie d'excellence, en modélisant les génies de notre culture (De Vinci, Mozart, Disney, Freud…). Il a mis au point des outils efficaces qui peuvent aussi bien être utilisés au niveau personnel qu'au niveau des organisations, dans des domaines aussi variés que la santé, l'éducation et les affaires.

Vous trouverez plusieurs de ses citations dans ce livre qui s'inspire en grande partie de son remarquable travail sur les croyances.

Vous allez découvrir au fil des pages de ce livre qu'il est possible (et parfois même souhaitable) de penser autrement. Évidemment, il ne s'agit de changer que ce qui vous dérange, vous pouvez bien sûr garder bien au chaud toutes les croyances qui vous sont utiles.

Voici un exemple d'une croyance limitante créée en rapprochant deux éléments entre eux : Claire a 7 ans, elle joue tranquillement dans sa chambre. Sa mère lui demande de surveiller son chat qui dort à côté d'elle. Quelque temps après, sa mère rentre dans sa chambre en hurlant, son chat n'est plus là, il est sorti par la baie vitrée dans le jardin. Rien de grave n'est arrivé, mais la mère de Claire lui hurle dessus violemment et lui assène une énorme gifle. La petite Claire, terrorisée, en conclut qu'elle n'a pas le droit de jouer. La croyance qui s'installe à ce moment-là est : « Pour être en sécurité, je ne dois jamais plus m'amuser. » Elle devient extrêmement sérieuse et ne s'autorise plus aucun plaisir. À cette époque, elle n'avait pas le recul nécessaire pour se rendre compte que la colère de sa mère était en fait une colère contre elle-même qui ne concernait pas du tout Claire, ni ce qu'elle avait fait. En mettant à jour cette croyance lors de séances d'hypnose, elle pourra ensuite s'autoriser à s'amuser, à créer dans sa vie des moments de plaisir et de joie tout en se sentant en sécurité.

Les oies de Lorenz

Konrad Lorenz, biologiste et zoologiste autrichien, constate que les oies cendrées s'attachent à leur mère dès la naissance et se mettent à la suivre instantanément. Il a démontré par la suite qu'elles adoptent en fait automatiquement le premier objet mobile qu'elles aperçoivent à la sortie de l'œuf et se mettent à le suivre comme si c'était leur mère. C'est comme cela que ces petites oies ont « cru » que Lorenz était leur mère et l'ont suivi jusqu'à dormir devant la porte de sa chambre. Le même phénomène s'est reproduit avec une balle de golf qui s'était mise à rouler devant les œufs en train d'éclore. Une fois devenues adultes, ces oies essayaient de s'accoupler avec tout ce qui pouvait ressembler à un objet rond. Et plus étonnant encore, il a remarqué que la présentation de leur véritable mère ne changeait rien, l'empreinte faite à la naissance restait tout au long de leur vie.

En comparant ce mécanisme à l'élaboration des croyances chez les humains, on peut aisément comprendre qu'une chose que l'on croit vraie à la naissance (ou peu après) peut laisser une empreinte durable. Par exemple, une petite fille battue par son père peut être attirée une fois devenue grande par un homme violent, car « l'empreinte de l'homme » a cette caractéristique : « S'il n'est pas violent, ce n'est pas un homme. » C'est comme si l'on se disait « c'est comme ça » sans pouvoir remettre en doute ce qu'on a cru normal ou vrai au départ.

Expérience : Je suis battue par mon père.

▼

Conclusion : Mon père est un homme violent.

▼

Généralisation : Tous les hommes sont violents.

▼

Comportement : Quand je cherche un homme, j'en trouve un qui est violent.

▼

Génial, mon monde est cohérent avec lui-même !

Heureusement, le cerveau des humains est plus souple que celui des oies cendrées, et il est possible tout au long de notre vie de changer les croyances qui nous enferment.

Par la répétition

Il est aussi possible de créer une croyance par la répétition d'une expérience identique. On fait des rapprochements entre les différentes répétitions pour leur donner un sens :

– « Je me suis fait renvoyer deux fois. » devient « Je suis incapable de garder un travail. »

– « J'ai été largué trois fois. » devient « Je suis une personne sans intérêt, qu'on quitte systématiquement. »

– « J'ai eu le trac à trois réunions. » devient « Je suis incapable de prendre la parole en public. »

On va automatiquement généraliser des expériences identiques (même si elles ne le sont pas complètement). C'est en effet un processus naturel que nous utilisons à longueur de journée car c'est aussi celui qui nous permet d'apprendre. Un enfant appuie sur une poignée de porte et elle s'ouvre. Il recommence plusieurs fois. Très vite, il généralise cette information à toutes les portes, et à chaque fois qu'il veut entrer quelque part, il n'a pas à réfléchir, ni même à observer la poignée ; automatiquement, sa main se positionne au-dessus et actionne la poignée vers le bas. Si un jour, il se trouve devant une poignée qui s'ouvre dans l'autre sens, il lui faudra un petit temps d'adaptation pour réajuster son apprentissage (même une fois devenu adulte), et après plusieurs essais infructueux (non, décidément, cette porte ne veut pas s'ouvrir), il finira par actionner la poignée dans l'autre sens.

C'est le même processus d'automatisation qui est en place pour les croyances. Par la répétition, on apprend que les choses se passent de telle façon, et une fois de plus, c'est le rapprochement entre deux choses qui n'ont souvent rien à voir qui crée la croyance. On va ensuite s'appliquer à auto-valider cette nouvelle croyance le plus longtemps possible. Ce qui n'a rien de gênant quand il s'agit d'ouvrir une porte, mais qui peut l'être beaucoup plus, si, au contraire, ce procédé vous ferme des portes ou vous enferme dans une situation qui ne vous convient pas. Mais comme « on ne peut pas tout avoir dans la vie », eh bien, on reste coincé là, sans même essayer de toucher la poignée de la porte derrière laquelle se trouve notre liberté ! (Eh oui, vous avez raison : « On ne peut pas tout avoir dans la vie » est bien une croyance ! Vous commencez à les identifier de plus en plus facilement, n'est-ce pas ?)

Par l'observation

Il est aussi possible de créer des croyances à partir de l'observation des autres. Avez-vous déjà regardé avec attention un petit enfant qui découvre le monde ? Il passe ses journées à observer puis à reproduire ce qu'il vient de percevoir : c'est sa façon d'apprendre. Sans jugement de valeur, sans filtre, il singe tout ce qu'il voit ou ce qu'il entend. Souvent, les parents s'en amusent. Parce qu'on peut lui faire faire à peu près n'importe quoi, justement.

Mais ce dont on ne se rend pas compte, c'est toutes les choses non dites et souvent inconscientes qui sont transmises à ce moment-là. Sans évènement marquant, simplement parce que dans son environnement c'est comme ça que ça se passe, un enfant apprend que « dans la vie, on ne peut pas faire ce qu'on veut », que « la chance, ça n'arrive qu'aux autres », qu'« il ne faut faire confiance à personne », que « si je m'affirme, je serai rejeté »… ou tout un tas d'autres idées que personne n'aura pourtant jamais verbalisées aussi clairement devant lui. On appelle cela « acheter une croyance » (sans doute parce qu'on peut le payer assez cher ensuite !). On achète souvent les croyances de ceux qu'on aime ou de ceux dont dépend notre survie. On apprend assez vite comment se comporter, quoi dire ou ne pas dire pour être accepté, aimé ou tout simplement rester en vie. Ensuite, on oublie de mettre tout cela à jour et on se comporte comme si on était toujours ce petit enfant qui doit se conformer aux croyances des autres en les adoptant. Mais en a-t-on toujours besoin aujourd'hui ?

Adam est jeune homme brillant. Il ne comprend pas pourquoi il n'arrive jamais à conserver durablement un travail. Ses parents ont œuvré pour qu'il fasse de longues études de façon à ce qu'il ne connaisse pas les difficultés financières qu'ils ont eux-mêmes traversées. En travaillant sur sa difficulté à conserver un poste et à gagner de l'argent, Adam se souvient que souvent, le soir, en lisant son journal, son père s'écriait : « Ah ça, c'est encore la faute de ces salauds de riches ! » En gagnant de l'argent, il devient automatiquement « un salaud de riche ». Cette croyance achetée à son père l'empêche aujourd'hui de s'épanouir en utilisant ses compétences. C'est en remettant en cause cette association « riche = salaud » (beaucoup plus répandue qu'on ne le croit, d'ailleurs) qu'il peut se libérer de ce blocage inconscient et entrer sereinement dans la vie active. N'y a-t-il pas des salauds qui sont pauvres ? Le fait de rester pauvre ne lui garantit donc pas du tout de ne jamais devenir un salaud, n'est-ce pas ?

Ce que les singes peuvent nous apprendre sur les comportements humains[1]

Voici un récit qui est présenté comme une expérience scientifique, mais qui est en fait une métaphore du comportement humain.

Des singes sont placés dans une pièce avec une échelle au sommet de laquelle se trouve une banane. Dès qu'un singe commence à escalader l'échelle, les autres singes reçoivent une douche froide. Rapidement, les chimpanzés apprennent qu'aucun d'entre eux ne doit escalader l'échelle s'ils veulent éviter d'être arrosés. Le déclenchement de la douche est ensuite désactivé, mais les chimpanzés conservent l'apprentissage et aucun d'entre eux ne tente de s'approcher de l'échelle. Un des singes est enlevé et remplacé par un autre. Lorsque ce dernier s'approche de l'échelle pour aller attraper la banane, les autres singes l'agressent violemment. Lorsqu'un second chimpanzé est remplacé, il se fait également agresser en tentant d'escalader l'échelle, y compris par le premier singe remplaçant. L'expérience se poursuit jusqu'à ce que tous les chimpanzés qui avaient reçu les douches froides soient remplacés. Pourtant, les nouveaux singes ne tentent pas d'escalader l'échelle pour atteindre la banane. Et si l'un d'entre eux s'y essaie, il est attaqué par les autres, sans qu'aucun ne sache pourquoi cela est interdit.

1. Stephenson Gordon R., « Cultural Acquisition of a Specific Learned Response Among Rhesus Monkeys », *Progress in Primatology*, Stuttgart, Fischer, 1967, p. 279-288.

À VOUS !

Et si vous remettiez en question une croyance achetée ?

Qu'est-ce que vous vous interdisez de faire alors que vous le voudriez, sans savoir pourquoi vous n'y avez pas droit ?

....

....

Quels sont les comportements que vous avez adoptés en observant les autres sans en comprendre le sens ?

....

....

À la lumière de vos réponses, que pouvez-vous remettre en cause dans les choses qui vous bloquent et qui vous semblaient aller de soi ?

....

....

À force de l'entendre

Dans l'exemple précédent, Adam avait entendu des phrases qui ne lui étaient pas adressées directement et les avaient incorporées comme étant vraies. Il arrive aussi (et peut-être plus facilement encore) que l'on enregistre des phrases qui nous sont directement destinées : « Que tu es bête ! », « Quelle fainéante ! », « Tu n'es qu'un bon à rien ! » Ces petites phrases, qui font aujourd'hui partie de ce que l'on appelle la « violence éducative ordinaire » (VEO), sont encore plus dangereuses qu'elles n'y paraissent. En effet, elles touchent à l'identité de la personne, à un niveau qui englobe à la fois ses comportements, ses capacités, et ses valeurs, c'est-à-dire l'individu dans son ensemble. Un enfant à qui l'on répète qu'il est coléreux va développer de plus en plus cette caractéristique, car il pense que c'est ce qu'on attend de lui. Le rôle d'un enfant est de grandir et de faire grandir tout ce qui le constitue. S'il est persuadé qu'être coléreux le définit, puisqu'on lui dit que c'est ce qu'il *est*, il va faire grandir ce trait de caractère alors que ce n'est en réalité que quelque chose qu'il *fait*.

C'est ensuite cette confusion entre notre comportement et notre identité qui nous empêche de changer car on ne veut pas devenir quelqu'un d'autre. Or, changer de comportement ou d'environnement ne signifie pas changer d'identité. Si l'on a la croyance que l'on « est comme ça, on n'y peut rien », on bloque toute possibilité de changement. « J'ai un sale caractère parce que je suis corse », dit Pierre. Cette croyance justifie son attitude à ses yeux et l'empêche en même temps d'en adopter une autre. Il ne serait plus vraiment « lui-même » s'il était plus calme ou plus posé. En se rendant compte qu'il s'agit seulement d'un comportement et non pas de son identité, on peut rester soi-même tout en mettant en place le changement dont on a besoin.

On cherche tout au long de la vie à se définir, à savoir qui on est... alors, dès qu'on nous colle une étiquette sur la tête (« Tu es le bêta de la famille »), on la garde précieusement au chaud et on se la répète comme un mantra, même si elle est négative. C'est cette petite voix qui nous dit qu'on n'y arrivera pas, que ce n'est pas pour nous, que ça ne vaut pas la peine d'essayer. On l'entend sans l'entendre, mais on sait bien qu'elle est là, toujours à nos côtés. En étant branché en permanence à « radio déprime », ce n'est pas très étonnant ensuite de ne pas se sentir bien !

À VOUS !

Et si vous vous débarrassiez de cette vieille étiquette qui vous colle à la peau ?

Y a-t-il une phrase (pourrie) qui a bercé votre enfance ? Et si oui, écrivez-la ci-dessous :

....

....

Ce n'est pas parce qu'on vous l'a dit souvent que c'est vrai, ce n'est pas parce que ce sont vos parents qui vous l'ont dit que c'est vrai, ce n'est pas non plus parce que vous le croyez, vous aussi, que c'est vrai, d'ailleurs. Cela vous paraît vrai, simplement parce que vous vous êtes habitué à y croire. Et parfois on préfère quelque chose que l'on connaît, même si c'est inconfortable, à quelque chose que l'on ne connaît pas. Vous avez maintenant le choix, vous pouvez décider de continuer à accorder du crédit à cette phrase ou non. Vous avez le pouvoir de décider qu'elle est fausse, complètement fausse, et qu'elle a toujours été fausse d'ailleurs.

Alors, que décidez-vous ?

□ Je décide de continuer à y croire.

□ Je décide de croire à autre chose à partir d'aujourd'hui.

Comment ça, ce n'est pas si simple ?

Savez-vous que le fait de penser que ce n'est pas si simple est une croyance ? Et donc, une croyance que vous pouvez aussi changer ! En décidant que vous n'avez plus besoin de cette phrase, vous pouvez vous libérer d'un poids et vous sentir de façon étonnamment rapide plus léger. Pour concrétiser cette décision, écrivez cette phrase sur un morceau de papier et déchirez-le en mille morceaux, piétinez-le et jetez-le à la poubelle !

Comment ça, ça fait peur ? Eh bien, ne changez rien alors, mais faudra pas venir vous plaindre ensuite, hein ? Parce que vouloir, c'est pouvoir (avez-vous remarqué au passage que cette dernière phrase est aussi une croyance ?).

Prenez quelques minutes pour réaliser ce petit rituel libérateur, vous serez étonné de l'effet qu'il produira sur vous.

Maintenant que vous êtes débarrassé de ces mots inutiles, vous pouvez commencer à imaginer une phrase plus agréable, plus motivante, plus apaisante... Peut-être même exactement l'inverse de la première... Et c'est comme si cette nouvelle phrase commençait déjà à s'installer à l'intérieur... Et quand elle s'inscrit bien clairement dans votre esprit, vous pouvez la noter ici (en lettres capitales, SVP) :

....

....

....

Vous pouvez ensuite écrire cette phrase et l'accrocher dans un endroit que vous regardez souvent (votre frigo, votre miroir, le fond d'écran de votre smartphone) et tandis que vous la relisez, vous pouvez commencer à vous apercevoir de toutes les possibilités qui vont être les vôtres à partir d'aujourd'hui... Cette infinité de choix s'offre à vous et vous allez dès à présent pouvoir percevoir les effets bénéfiques dans votre quotidien de cette nouvelle liberté qui vous appartient.

Si l'ancienne formulation revenait à votre esprit, répétez-vous dix fois de suite la nouvelle, pour bien expliquer à votre cerveau qu'à partir de maintenant, c'est la direction que vous voulez suivre.

Les différents types de croyance

Pour y voir plus clair, il est possible de classer les croyances en différentes catégories. Quand on y réfléchit, tout est croyance ; il n'est donc pas forcément évident de s'y retrouver. Pensez-vous par exemple que ranger les choses permet d'y voir plus clair ? C'est une idée assez répandue. Pourtant, certaines personnes s'y retrouvent mieux dans le désordre. Ce n'est pas parce qu'une chose est admise par le plus grand nombre qu'elle est forcément vraie. Avant la découverte de Copernic, tout le monde pensait que la Terre était au centre de l'univers, et pourtant, tout le monde se trompait, non ? Ce qui peut être perturbant dans cette chasse à la croyance, c'est que dire « tout est croyance » est aussi une croyance. De quoi être un peu confus, n'est-ce pas ? Ou plutôt de quoi se rendre compte des possibilités de changement infini qui sont à notre disposition…

> « Nos croyances deviennent nos pensées. Nos pensées deviennent nos mots. Nos mots deviennent nos habitudes. Nos habitudes deviennent nos valeurs. Nos valeurs deviennent notre destinée. »
>
> **Gandhi**

Les croyances importantes et les croyances superflues

Parmi la multitude de croyances qui sont les nôtres, il y en a qui sont plus essentielles que d'autres, c'est-à-dire qui ont plus d'impact sur notre quotidien. Les superstitions sont des croyances admises comme telles par la plupart des gens. « Il ne faut pas passer sous une échelle », « Il ne faut pas poser le pain à l'envers sur la table », « Il ne faut pas ouvrir un parapluie à l'intérieur d'une maison »… Ces

> « Chaque fois que vous vous sentez absolument sûr de quelque chose, c'est le signe certain que quelque chose vous a échappé. »
>
> **Richard Bandler**

superstitions, tout comme les croyances personnelles, sont nées d'une expérience particulière ou d'un contexte particulier et ont ensuite été généralisées massivement jusqu'à ce qu'on perde totalement de vue la raison de leur existence. S'il n'est pas recommandé de poser du pain à l'envers sur une table, c'est parce qu'au Moyen Âge, la coutume voulait que les boulangers conservent une miche de pain pour les bourreaux ou les condamnés à mort, et pour la reconnaître, ils la plaçaient à l'envers. L'association « pain à l'envers = mort » a donc été établie à ce moment-là, dans ce contexte précis. Aujourd'hui, remettre un pain à l'endroit n'a logiquement aucun sens (on ne va pas mourir si on ne le fait pas), mais au cas où, on ne sait jamais, ça ne coûte rien... Si vous avez cette croyance-là, et que vous ne pouvez pas vous empêcher de retourner votre pain, ce n'est pas très dérangeant, ce n'est pas cela qui vous empêche de vous sentir libre.

D'autant plus que tout le monde sait que les superstitions ne sont que des suppositions, elles n'ont pas le statut de « vérités » que possèdent souvent nos croyances personnelles. Il en est de même avec les porte-bonheurs. Saviez-vous que le fait de considérer un fer à cheval comme apportant de la chance remonte au temps des Romains ? La légende raconte que Néron avait fait mettre à ses chevaux des fers en or pour montrer sa richesse à son peuple. Les techniques de l'époque n'étant pas encore très développées, un des fers se serait décroché. Un paysan l'aurait trouvé et revendu, ce qui lui aurait permis de vivre dans la richesse jusqu'à la fin de ses jours. On voit par ces exemples que ce qui a pu être vrai à un moment donné ne l'est plus forcément aujourd'hui. Plus personne ne ferre ses chevaux avec de l'or, on ne trouve plus de fer sur la route et encore moins sur les trottoirs... Cette histoire a donc très peu de probabilité de se reproduire, et pourtant, on continue plus de 2 000 ans après à considérer les fers à cheval comme de véritables porte-bonheur. Les croyances ont la vie dure ! Et même si on ne sait pas d'où elles viennent ni comment elles ont été créées, on leur obéit docilement.

Les croyances les plus impactantes sont celles qui touchent à l'identité. Ce que l'on se raconte sur soi a des répercussions à tous les niveaux : sur nos comportements, sur nos capacités, sur nos choix, sur notre vie tout entière. Si l'on pense « Je suis alcoolique », c'est bien différent que de penser « Je ne suis pas capable de contrôler ce que je bois ». La première phrase se situe au niveau de l'identité, la seconde au niveau des capacités. Il est difficile de changer son identité, et même impossible, car qui est-on si l'on n'est plus soi-même ? Par contre, il est tout à fait possible et même naturel d'améliorer, de changer, de transformer nos capacités. C'est le rôle de l'apprentissage. On ne sait pas faire quelque chose, on apprend et nos capacités se développent.

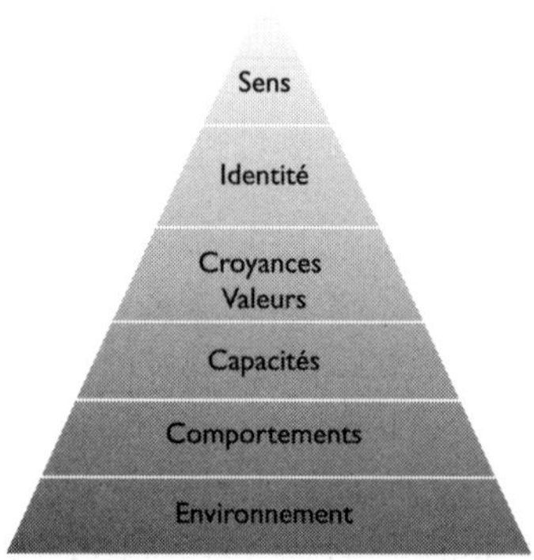

Robert Dilts a mis au point une pyramide qui permet notamment de comprendre à quel niveau se situent les blocages que nous rencontrons. Plus le niveau est élevé, plus le blocage affecte la personne dans sa globalité. « Je suis de nature anxieuse » est une croyance qui affecte *l'identité*. Une personne qui pense cela s'imagine qu'elle a toujours été depuis son tout premier jour anxieuse et qu'elle le sera donc jusqu'à son dernier souffle. C'est bien différent de penser : « J'ai développé une grande *capacité* à m'inquiéter », car cette caractéristique devient alors une compétence dont on peut se servir ou non. On peut alors être soi-même tout en étant calme, on peut continuer à exister tout en envisageant l'avenir avec sérénité, on est libre de se sentir comme on a envie de se sentir, et non pas bloqué dans cette (fausse) identité réductrice.

Les phrases qui commencent par « je suis » expriment des croyances au niveau de l'identité. Il est alors toujours intéressant de se demander s'il ne s'agit pas en réalité d'un *comportement*, d'une *capacité* ou d'une *valeur*, car les croyances identitaires ont tendance à nous limiter. Notre identité est bien plus vaste qu'un simple adjectif, qu'il soit positif ou négatif, d'ailleurs. Nous sommes beaucoup plus qu'une simple caractéristique. Le langage n'est pas assez complet pour réussir à définir notre identité dans sa globalité : dès qu'on essaie de l'exprimer, on est presque forcé de la rétrécir, de s'enfermer dans une case dont on a ensuite du mal à sortir.

Dans quelle case vous mettez-vous ?

Au travail ou dans une réunion amicale, comment vous présentez-vous ?

Pour parler de soi, il est courant de dire des phrases qui peuvent ressembler à : « Bonjour, j'habite à Nice, je suis marié, j'ai 2 enfants, je suis salarié, j'aime le sport et les balades, je ne suis pas un intellectuel, mais plutôt manuel… »

- **Environnement :** Une personne qui se définit en fonction de son environnement « Je suis française », « je suis une femme mariée » réduit beaucoup sa marge de manœuvre. Si tout à coup, son environnement change, qui devient-elle ? Peut-elle continuer à exister si elle divorce ?
- **Comportement :** « Je suis mère de famille, j'élève mes enfants. » Quelqu'un qui se définit par ce qu'il fait a à peu près le même problème. Quand ses enfants quittent la maison, qui devient-elle ? Quel est alors le sens de sa vie ? Beaucoup de femmes se sentent perdues à ce moment-là de leur vie à cause de cette confusion entre leur comportement et leur identité.
- **Capacité :** « Je suis sportif. » Se définir par ses compétences ou capacités est une autre manière de s'enfermer. Si cette compétence sportive disparaît, suite à un accident ou autre, qui devient cette personne ? Qui est-elle si elle ne peut plus faire de sport ? À l'âge de la retraite, on ne peut plus exercer les compétences que l'on a développées au travail. « Qu'est-ce que je vais devenir si je ne *suis* plus ce que j'ai *fait* toute ma vie ? ». Peut-on continuer à exister si l'on n'utilise pas ses compétences ?
- **Valeur :** « Je suis gentil. » En se définissant par une valeur, on s'empêche de pouvoir réagir de façon adéquate aux différentes situations de la vie. Si quelqu'un vous agresse brutalement en mettant votre vie en danger, « votre gentillesse » ne sera pas forcément utile, elle pourra même devenir dangereuse pour vous.
- **Croyance :** « Je suis mal aimé. » Tant que l'on est persuadé de cela, on se prive de l'amour que l'on reçoit ou

de celui qu'on recevra plus tard. On se coupe d'une partie de la réalité et on bloque le changement. On se fige (pour toujours) dans une émotion (qui appartient le plus souvent au passé). En disant « Je suis manuel », on se prive de la même façon de nos capacités intellectuelles, on réduit en trois mots seulement tout le champ des possibles.

Toutes les phrases qui commencent par « je suis » ou « je ne suis pas » nous limitent et nous enferment d'une certaine manière. Maintenant, vous allez pouvoir être naturellement attentif à votre manière de vous définir, et quand on vous demandera de vous présenter, la réponse sera moins évidente… mais peut-être beaucoup plus intéressante, n'est-ce pas ?

Les croyances limitantes et les croyances aidantes

Comme vous l'aurez déjà certainement remarqué dans les différents exemples de croyances que vous venez de lire, certaines sont plutôt positives et d'autres plutôt négatives. La distinction est en fait plus subtile que cela, car certaines croyances peuvent être positives à un moment donné et devenir négatives par la suite. On peut même se dire que si une croyance est là, c'est qu'elle a été utile (à quelque chose) à un moment donné. C'est pourquoi on parle plutôt de « croyances aidantes » et de « croyances limitantes ». Toutes les pensées qui nous permettent maintenant d'avancer, de progresser, de nous améliorer sont des « croyances aidantes » et toutes les pensées qui aujourd'hui nous freinent, nous bloquent, nous rétrécissent, nous enferment, nous tirent en arrière sont des « croyances limitantes ».

> « Rien ne sert de penser, il faut réfléchir avant. »
>
> Pierre Dac

Vous remarquez que la réalité n'a rien à voir là-dedans. On se fiche de savoir ce qui est vrai ou non, puisque justement on n'a aucun moyen de le savoir. La réalité est tellement rétrécie par tous les filtres qu'elle traverse pour arriver jusqu'à nous, qu'il n'en reste pas grand-chose à l'arrivée, c'est-à-dire dans notre cerveau. D'autant plus que ce qui est vrai pour l'un ne le sera pas pour l'autre. « Dans la vie, il faut faire ses preuves pour réussir » est une croyance qui pourra être très aidante pour certains, en déclenchant leur motivation, leur énergie, en décuplant leur capacité de travail ; cette même phrase pourra être tout à fait paralysante pour d'autres qui se sentiront découragés avant d'avoir entrepris quoi que ce soit devant l'ampleur des preuves à fournir. « Une croyance n'a rien à voir avec la réalité, explique Robert Dilts[1], les croyances concernent des choses que personne ne peut savoir en réalité. »

Les croyances sont en général limitantes quand elles sont formulées avec des obligations (« Il faut... », « Je dois... ») et des interdictions (« Je ne peux pas... », « Je n'ai pas le droit de... », « Il ne faut pas... », « Je ne dois pas... »). Elles indiquent la limite : « Jusqu'où puis-je aller ? » Au contraire, une croyance aidante donne du choix, des possibilités, ouvre, élargit, étend l'horizon et le champ des possibles. Elle est formulée avec des « Je peux... », « C'est possible de... ». Elle permet de se sentir plus libre, plus grand, plus léger, plus serein. Elle donne à penser qu'il n'y a pas qu'une seule route toute tracée mais une infinité de possibilités à notre disposition. Quand on se sent coincé dans une situation ou dans sa vie en général, c'est la plupart du temps que quelque chose ne nous convient pas et que la situation opposée ne nous convient pas non plus. On est comme pris au piège entre deux choix impossibles, dans un dilemme insoluble.

1. *Changer les systèmes de croyances avec la PNL*, InterÉditions, 2006.

Justine vient de découvrir que son mari la trompe. Elle ne veut pas rester avec lui dans ces conditions. Mais elle ne peut pas non plus se résoudre à le quitter. Aucun de ces choix ne la satisfait et elle se sent enfermée, étouffée, bloquée. Elle ne sait pas du tout comment se sortir de cette situation. C'est en général à ce moment-là que des troubles commencent à se développer : insomnie, stress, anxiété, douleur… Plus on a conscience du nombre infini de possibilités qui se trouve entre ces deux choix de départ, plus on est libre de déterminer celui qui nous convient vraiment. L'hypnothérapie permet justement de découvrir toutes ces possibilités et de sortir des croyances qui limitent nos perceptions, car à tout moment il existe bien plus que deux chemins possibles. Justine ne veut pas que son identité se résume à : « Je suis une femme trompée. » Elle le refuse avec force. « Je suis une femme seule » ne lui convient pas non plus, quitter son mari ne cadre pas avec ses valeurs. Une fois de plus, ce que l'on se raconte, et surtout ce que l'on se raconte sur soi, détermine la façon dont on se sent et les comportements qui en découlent. La réalité n'a rien à voir dans l'histoire. Françoise Dolto disait que dans un couple, c'est souvent celui qui commet l'adultère qui souffre le plus. Voilà une idée originale qui pourrait peut-être permettre d'envisager de nouvelles possibilités, non ? (Seulement si cela est utile pour vous, bien sûr.)

Quelle que soit la manière dont la croyance a été mise au point, il s'agit toujours d'une généralisation. On étend à d'autres expériences, à d'autres domaines et pour une durée illimitée par tacite reconduction, la conclusion à laquelle on est arrivé à un moment donné, dans une situation donnée, par rapport à une personne donnée. Cette généralisation nous permet de répondre à la question « pourquoi » et de connaître (à l'avance) les conséquences de nos actions. Avec la croyance « Pour être aimé, il ne faut pas contester ce que dit l'autre », je sais pourquoi je n'étais pas aimé par le passé : « J'ai trop affirmé mon désaccord. » Et je sais aussi ce qui va se passer si je le fais de nouveau : « Mon mari va me quitter. » C'est pratique, ça permet à la fois de répondre une fois pour toutes aux différentes questions qu'on n'a plus à se poser, comme « Comment marche un couple ? C'est quoi l'amour ? Quels sont mes besoins ? Ceux de l'autre ? », et en même temps, ça permet de prédire l'avenir. Du deux-en-un, en quelque sorte !

Le problème, c'est quand la cause est fausse : on peut très bien se faire larguer sans avoir jamais contesté quoi que ce soit. Si on croit que X produit quelque chose, on va s'efforcer de provoquer X, ou de l'empêcher de se produire si ses conséquences sont négatives. On va faire des efforts inutiles et trouver ensuite que « le monde est injuste » ou que « la vie est difficile » ou que « les hommes sont tous des salauds ». En cherchant la solution au mauvais endroit, on ne risque pas de la trouver, comme cet homme qui avait perdu ses clefs de voiture un soir d'hiver et qui les cherchait sous un réverbère : « C'est là que vous les avez perdues ? lui demande alors un passant. – Non, répond l'homme, mais c'est là qu'il y a de la lumière. »

Pour savoir si une croyance est aidante ou limitante, il suffit d'observer comment on se sent en y pensant. Est-ce qu'on se sent à l'aise ? Ou au contraire, est-ce qu'on a du mal à respirer ? Est-ce qu'on se sent léger ou au contraire plus lourd ? Ce n'est pas parce qu'on se sent mal en pensant à une phrase que cela donne une quelconque véracité à sa signification. La vérité ne se trouve pas dans l'émotion que provoque la croyance (au cas où vous chercheriez encore cette vérité objective imaginaire). Par contre, l'émotion négative nous donne un indice qu'il y a quelque chose à changer, à modifier, à transformer.

On a besoin de la prendre en compte (et non pas de la croire) pour aller mieux.

La légende des six aveugles et de l'éléphant

Voici une histoire qui permet de comprendre à quel point on est loin de percevoir l'ensemble de la réalité.

Six aveugles qui se promenaient en pleine nature rencontrèrent un éléphant pour la première fois de leur vie. Le premier s'approcha de l'animal et tâta son flanc vaste et dur, il dit : « Cet animal est comme un mur. » Le deuxième, tâtant une défense, s'écria : « Rond, lisse et pointu, selon moi, cela ressemble à une lance. » Le troisième prit la trompe dans ses mains et dit : « Pour moi, l'éléphant est comme un serpent. » Le quatrième qui s'était accroupi, palpa une patte et en conclut que cet animal devait ressembler à un arbre. Le cinquième qui se tenait à côté de l'oreille dit : « C'est plutôt comme un éventail, large et souple. » Et enfin le sixième, s'empara de la queue : « C'est évident, dit-il, l'éléphant est comme une corde. »

Chacun voit le monde de sa fenêtre et nous sommes tous des aveugles quand il s'agit de voir la réalité dans son ensemble. On forge nos croyances en fonction de nos expériences, elles sont vraies pour nous, reste maintenant à déterminer quelles sont celles qui nous aident et celles qui nous limitent, celles qu'on veut garder et celles qu'on veut modifier. Et vous êtes la seule personne à pouvoir répondre à cette question.

Les effets des croyances sur la santé

On peut voir facilement la puissance d'une croyance limitante ou aidante dans le domaine de la santé. « La quasi-totalité des professionnels de santé reconnaissent que l'attitude du patient contribue de façon majeure à sa guérison » écrit Robert Dilts, qui a fait de nombreuses recherches sur le sujet. Il parle dans son livre *Croyances et santé*[1] d'une étude étonnante concernant des personnes qui ont guéri d'un cancer incurable. Elles avaient toutes suivi des méthodes différentes, certaines conventionnelles, d'autres pas du tout. Le seul point commun entre ces cent personnes interrogées était qu'elles croyaient toutes que ce qu'elles faisaient les guérirait. Surprenant, n'est-ce pas ? On peut voir avec cette enquête (et aussi partout ailleurs, en fait) que la réalité ne fait pas le poids par rapport au pouvoir de la croyance.

La puissance des croyances est également bien visible dans l'effet placebo. « Tout au long de l'histoire de la recherche médicale, les placebos se sont montrés aussi puissants que bien des médicaments. Mais la cause exacte de ce pouvoir demeure un mystère », souligne Robert Dilts. Ce qui est plus incroyable encore, c'est ce qu'on appelle l'effet « nocebo » ou placebo inversé. Lors d'une étude, une « chimiothérapie placebo » a été donnée à des patients, et un tiers d'entre eux ont perdu leurs cheveux ! Dans certaines recherches encore plus poussées, des personnes insensibles à l'effet placebo à qui l'on a administré de la morphine en leur faisant croire qu'il s'agissait d'un placebo n'en ont pas ressenti les effets. On peut donc, selon ce que l'on croit, ressentir des effets quand il n'y a aucun produit actif et bloquer l'effet réel quand on est persuadé qu'il n'y en aura pas. Et pour montrer à quel point ce que l'on croit peut être influencé par notre perception (tronquée) de la réalité, Robert Dilts souligne « que l'effet placebo d'une toute petite pilule rouge, brillante et très chère est bien supérieur à celui d'une grosse pilule blafarde et bon marché ».

1. Desclée de Brouwer, 1984.

À 76 ans, Milton Erickson, le père de l'hypnose moderne, avait beaucoup de problèmes de santé. Quelqu'un lui a demandé combien de temps il s'attendait à vivre et voici ce qu'il lui a répondu : « D'un point de vue médical, je devrais pouvoir arriver à 70 ans environ. » L'humour était pour lui un des moyens privilégiés pour déstabiliser une croyance.

Si les croyances ont un tel effet sur notre corps, sur notre physiologie, imaginez la répercussion sur notre mental... Avec les croyances, tout devient possible. On peut même se demander avec raison : « Où est la limite ? » Mais faut-il obligatoirement mettre une limite ? Voici encore une autre croyance ! (Décidément, elles sont partout !). Et vous, qu'êtes-vous capable de faire que vous ignorez encore ?

Le problème insoluble

Un jour, un étudiant en mathématiques arrive en retard en classe. Il entre discrètement et commence à recopier le problème qui se trouve au tableau, le professeur est déjà en train de parler d'autre chose. De retour chez lui, il tente de faire cet exercice. C'est une équation complexe et il y passe plusieurs heures chaque jour. « Ça doit pourtant être facile » pense-t-il, puisque le professeur nous l'a donné comme devoir. Et il continue à chercher. À la fin de la semaine, il a enfin trouvé la solution et montre son cahier à son professeur. Celui-ci n'en revient pas, il vérifie plusieurs fois ce qu'a écrit son élève puis le félicite longuement. Il lui explique alors qu'il avait inscrit cette équation au tableau comme un exemple de problème insoluble, dont aucun mathématicien n'était venu à bout jusqu'à présent.

Les croyances des autres

Non seulement les croyances sont partout, mais elles sont aussi interactives. C'est-à-dire que les croyances des uns peuvent influencer les comportements et même les compétences des autres.

Peut-être connaissez-vous ce que l'on appelle l'effet Pygmalion ? Robert Rosenthal, psychologue américain et professeur à l'université de Californie, l'a découvert lors d'une expérience avec des rats. Il a réparti douze rats de manière aléatoire en deux groupes égaux. Puis il a confié ces rats à deux équipes d'étudiants chargés de leur faire traverser un labyrinthe. Il a dit au premier groupe que leurs rats étaient exceptionnellement intelligents et que leurs performances allaient sûrement être étonnantes. Il a dit au second groupe d'étudiants que leurs rats étaient tout à fait standards et qu'il était probable qu'ils aient des difficultés à se repérer dans le labyrinthe. Les rats se sont comportés selon les attentes des étudiants. Certains des rats du deuxième groupe n'ont même pas quitté la ligne de départ alors que ceux du premier groupe réussirent le challenge avec facilité. Rosenthal explique cette différence par le fait que les étudiants qui pensaient que leurs rats étaient intelligents leur ont témoigné de la sympathie, de la chaleur, des encouragements, contrairement aux étudiants du deuxième groupe.

> « Si l'on traite un individu comme il est (ou tel qu'on le croit), il restera ce qu'il est. Si l'on traite cette personne comme si elle était déjà ce qu'elle pourrait être, alors elle a des chances de le devenir. »
>
> **Gandhi**

En 1964, fort de ces résultats, Robert Rosenthal réalise la même expérience au sein de l'école élémentaire de Lenore Jacobson. Les enfants sont issus de milieux défavorisés et, pour la majorité, en échec scolaire. Rosenthal et Jacobson leur font passer un test de QI, puis s'arrangent pour que les enseignants apprennent par inadvertance les résultats, en faisant croire à une erreur de transmission de courrier. En réalité, ces résultats sont faux et 20 % des élèves, choisis au hasard, sont surévalués. À la fin de l'année, Rosenthal et Jacobson font repasser un test de QI aux élèves. Les 20 % surévalués au départ ont amélioré significativement et réellement leurs performances, qu'ils aient eu un mauvais résultat ou non au premier test ! C'est l'effet Pygmalion. L'effet inverse a aussi été constaté : de faibles attentes entraînent une baisse des performances. On appelle ce phénomène l'effet Golem.

Ces résultats peuvent facilement s'étendre aux relations parents/enfants, mais aussi à toutes les autres. Qu'est-ce que j'attends de mon conjoint, de mon patron, de mes amis ? Ou plutôt, à quoi je m'attends ? L'idée que j'ai de « ce qui est censé se produire selon moi » va induire de ma part un comportement, une attitude, des regards, des paroles, des gestes qui vont provoquer chez l'autre un certain comportement. Car, comme le dit Robert Dilts, « dans tout système humain, ce que vous faites détermine comment les autres agissent dans la même mesure que ce qu'ils font détermine comment vous agissez ». On ignore une grande partie du pouvoir qui est le nôtre. Et si on commençait à s'en servir à bon escient ?

Les croyances de règles et les croyances générales

La classification la plus répandue distingue ces deux types de croyances.

Les croyances générales sont, comme leur nom l'indique, des phrases qui expriment des pensées générales sur le monde qui nous entoure : « Les hommes sont infidèles », « Les femmes ne savent pas conduire », « La vie est difficile »… Pour les connaître, il suffit de se poser la question : « Qu'est-ce que je pense sur l'amour, la vie, le couple, le succès, le travail… ? »

Découvrez vos croyances générales

Cochez la réponse qui vous paraît refléter votre pensée et découvrez…

Vos croyances sur la vie :

- ☐ La vie est dure. (Et la mort est molle, donc ?)
- ☐ Dans la vie, on ne peut pas tout avoir. (Et pourquoi pas ?)
- ☐ Dans la vie, quand on veut, on peut. (Et si on ne peut pas vouloir, on fait comment ?)
- ☐ On n'a rien sans rien. (Mais dites donc, rien sans rien, ça fait combien du coup ?)
- ☐ C'est la vie, c'est comme ça ! (Et comme quoi, au fait ?)
- ☐ La vie est une belle aventure.

La vie est ....

Vos croyances sur les autres :

- ☐ Les gens sont égoïstes. (Mais pas moi ! Puisque je pense tout le temps à eux et à leur façon d'être si terriblement et constamment égoïstes !)
- ☐ Les gens sont bêtes. (Ils ne voient pas à quel point je suis intelligent – et modeste.)
- ☐ Les gens sont fondamentalement méchants. (Sauf moi, je ne fais pas partie des gens puisque je suis moi, contrairement aux autres qui sont… les autres, évidemment.)
- ☐ Les gens sont, comme moi, des êtres humains.

Les gens sont..

Vos croyances sur vous :

- ☐ Je suis une personne sans intérêt. (On peut donc m'emprunter sans frais.)
- ☐ Je suis une personne fragile. (En porcelaine de Limoges, c'est précieux quand même...)
- ☐ Je suis une personne anxieuse de nature. (Déjà le jour de ma naissance, j'avais peur d'arriver en retard.)
- ☐ Je suis une personne déterminée. (À croire que je suis sans intérêt...)
- ☐ Je ne suis pas à la hauteur. (C'est quoi la bonne hauteur ? Et si je mets des talons, c'est mieux ?)
- ☐ Je suis une personne solide, passionnée, créative, attachante, indépendante, sincère, fidèle, intelligente... et même tout ça à la fois bien sûr !

Je suis...

Vos croyances sur vos capacités :

- ☐ Je ne suis pas manuel. (Mais les autres oui.)
- ☐ Je ne suis pas intellectuel. (Mais les autres oui)
- ☐ Je ne prends jamais les bonnes décisions. (Mais les autres oui.)
- ☐ Je ne sais pas faire la cuisine. (Mais les autres oui.)
- ☐ Je suis nul en maths. (Mais les autres non.)
- ☐ Je n'ai pas le droit à l'erreur. (Mais les autres oui.)

Mais c'est qui ces « autres », à la fin ?!... (Mon père, ma mère, mes frères et mes sœurs, oh, oh oh oh...)

Je sais / ne sais pas ....

Vos croyances sur la société :

- ☐ La société est pourrie. (Le monde entier aussi d'ailleurs.)
- ☐ La société pervertit l'homme. (Et la femme, et les enfants, et même les animaux.)

- ☐ La société est la cause de tous mes malheurs. (Moi, je n'y suis pour rien, je vous jure.)
- ☐ La société est le reflet des personnes qui la constitue.

La société est ....

Vous pouvez aussi vous amuser à prendre conscience de vos croyances sur les femmes, les hommes, le travail, la sexualité, l'amour, l'amitié, l'argent, le succès, votre famille, votre futur… On en a tous de toutes sortes et sur tous les sujets. La liste est infinie !

Comme vous le voyez, il s'agit d'idées assez générales, parfois assez floues mais qui font toujours référence à quelque chose de précis pour la personne qui les possède. Ce n'est pas visible quand elles sont exprimées hors contexte, et sont parfois qualifiées de « préjugés » par nos interlocuteurs qui sont loin de se douter de l'importance qu'elles peuvent avoir pour nous. On ne prononce pas ces phrases par hasard, elles résonnent en nous d'une manière tout à fait personnelle, même si rien n'y paraît vu de l'extérieur. Le tout est de déterminer, comme toujours, lesquelles sont aidantes pour vous aujourd'hui et lesquelles vous limitent dans votre évolution.

Les croyances de règles sont construites sur le modèle « Si…, alors… » : « Si tu es sage, alors tu auras un bonbon », « Si je suis trop gentil, alors je vais me faire avoir »… Ces croyances déterminent la condition nécessaire pour obtenir quelque chose ou la raison pour laquelle qu'on ne l'a pas obtenu. Elles peuvent aussi s'exprimer avec la structure « Pour que…, il faut que… ». Les croyances qui sont sur le modèle « Il faut que… » sont aussi des croyances de règles mais dont il manque un bout de la phrase. En posant la question « Et sinon quoi ? », on obtient rapidement le morceau manquant.

– *Il faut que je sois* autonome financièrement.

– Sinon quoi ?

– Sinon je ne suis pas en sécurité.

– La croyance est donc « *Si* je ne suis pas indépendant financièrement, *alors* je ne me sens pas en sécurité ».

Une jeune femme se sentait incapable de dire non :

– Je n'ai pas le droit de dire non.

– Sinon que se passe-t-il ? lui demande Richard Bandler, un des créateurs de la PNL, lors d'un de ses séminaires[1].

– Une catastrophe arrive, répond la jeune femme.

Quand elle était enfant, son père était très malade. Un jour, il lui demande de rester avec lui, mais elle refuse et part faire des courses avec sa mère. Quand elle revient, son père est mort. À ce moment-là, elle associe inconsciemment deux éléments qui n'ont en réalité rien à voir « dire non » et « mort ». En grandissant, elle s'interdit de dire non à qui que ce soit. Elle embrasse des garçons qu'elle n'aime pas mais à qui elle ne peut pas dire non, elle devient la « fille facile » du lycée, elle accepte ensuite un travail pour lequel elle n'éprouve aucun intérêt, un appartement qui ne lui plaît pas... Sa vie n'est qu'une suite de décisions qu'elle ne prend pas à cause de cette incapacité qu'elle pense être la sienne. Sa croyance est une croyance de règle : « Si je dis non, alors quelqu'un meurt. » Richard Bandler lui demande de se mettre en face de chacun des stagiaires et de leur dire « non » à tour de rôle. La jeune femme qui se croit

---

1. BANDLER Richard et GRINDER John, *Structure de la magie*, InterÉditions, 2016.

incapable de le faire refuse. « Vous voyez, lui dit alors Richard Bandler, vous venez de me dire non et je ne suis pas mort. » Cette expérience étonnante lui a permis de se débarrasser de cette croyance. En la plaçant dans cette double contrainte, qu'on appelle aussi « injonction paradoxale », Richard Bandler l'oblige à dépasser la « règle limitante » qu'elle s'était fixée : soit elle fait ce qu'il demande et dit non aux stagiaires, soit elle ne le fait pas et lui dit non directement. Elle est obligée de désobéir à la « règle » dictée par sa croyance et donc d'en expérimenter directement les conséquences. Jusqu'alors, elle n'avait jamais osé le faire.

Découvrez vos croyances de règles

Voici quelques exemples de croyances de règles pour vous aider à découvrir quelles sont les vôtres.

- Si je traite bien les gens, alors :
  - ils me traiteront bien.
  - ils profiteront de moi : « Trop bon, trop con ! »
  - ....
- Si un problème arrive, alors :
  - je saurai y faire face.
  - je ne saurai pas quoi faire, je ne saurai pas comment faire.
  - ....
- Si je suis en couple, alors :
  - je dois renoncer à ma liberté.
  - je n'aurai plus à m'occuper de mon linge !
  - ....

- Si je gagne beaucoup d'argent, alors... :
  – je deviendrai imbuvable, prétentieux, mauvais (c'est connu, tous les riches sont des salauds !).
  – je pourrai arrêter de jouer au loto toutes les semaines.
  – ....
- Pour être en bonne santé, il faut :
  – faire du sport tous les jours (mais j'ai la flemme).
  – manger équilibré (mais j'ai pas le temps).
  – être végétarien (mais j'aime trop la viande).
  – dormir sept heures par nuit (mais j'aime sortir).
  – se soigner à l'homéopathie (même s'il paraît que ce n'est que de l'eau).
  – écouter son corps.
  – ....
- Pour être heureux, il faut :
  – que je réussisse mon diplôme.
  – que je trouve un travail.
  – que je trouve un appart'.
  – que je tombe amoureux.
  – que je sois en couple.
  – que j'aie un enfant.
  – que mon enfant grandisse pour avoir (enfin) du temps pour moi.
  – que j'aie une promotion.
  – que mon enfant réussisse ses études.
  – que je change de travail.
  – que mon enfant trouve un travail.
  – que, que, que, que... mais quand est-ce que je vais être enfin heureux, moi ?!

Quelles sont les conditions que vous vous imposez avant de pouvoir être heureux ? Quels sont les « il faut d'abord que... » que vous avez mis en place ? Est-ce que ce sont des prétextes qui se renouvellent automatiquement et indéfiniment pour vous empêcher d'être heureux (puisqu'il y aura toujours quelque chose d'autre à atteindre avant d'y arriver) ?

Est-ce que vous pensez que *si* vous êtes heureux, *alors* quelque chose de terrible va se produire ? Si la réponse est « oui », alors vous venez d'identifier une croyance de règle assez répandue (qui n'est pas très loin d'être une superstition, d'ailleurs). Si un jour, alors que vous étiez heureux, quelque chose d'inattendu s'est produit brusquement, vous avez pu mettre en place cette croyance dans le but de ne plus jamais être surpris à l'avenir : « Si je m'attends toujours au pire, je ne serai pas étonné quand il arrive. » Le problème avec cette tentative de protection, c'est qu'elle nous fait passer à côté de toutes les bonnes choses qui arrivent, car elles sont identifiées par cette croyance limitante, comme « annonciatrices d'un malheur futur », ce qui est faux la plupart du temps, car, comme le disait (déjà) Montaigne : « Ma vie a été remplie de terribles malheurs dont la plupart ne se sont jamais produits. »

« Je n'ai pas le droit à l'erreur » : le mythe de la perfection

Beaucoup de personnes s'imposent une exigence de perfection : « Je dois être parfait. » Comme pour les autres croyances en « Je dois », la question à se poser est : « Sinon quoi ? Si vous n'êtes pas parfait, que se passe-t-il ? » On obtient des réponses comme : « Je ne suis pas aimé », « Je ne vaux rien », « Je suis nul »...

Et on arrive à la formulation entière : « Pour être aimé, je dois être parfait. » Cette croyance est une très bonne façon de se rendre malheureux et de le rester !

En effet, une personne qui confond son identité et ses capacités ne peut jamais être satisfaite. Même si elle réussit une chose parfaitement mille fois, il suffit d'une seule erreur pour que toutes les réussites précédentes ne comptent plus. Et comme une erreur peut survenir à chaque instant, aucune réussite ne compte vraiment puisqu'elle perdrait ainsi son caractère de perfection. Comme le dit Dilts : « Si vous vous comparez à Dieu, vous n'arriverez jamais à avoir une bonne image de vous-même. »

L'erreur étant humaine, vous exprimez là une volonté d'être au-dessus des humains... Mais est-ce être parfait que de se comporter comme une machine ? Et si justement, c'étaient les défauts d'une personne qui la rendaient unique et attachante ? Est-ce que l'amour et la perfection n'ont finalement rien à voir ? N'est-ce pas être parfait que de tolérer l'imperfection ? Ne vaut-il mieux pas être parfaitement imparfait qu'imparfaitement parfait ?... Vous avez deux heures et je ramasse les copies !

Les croyances conscientes et inconscientes

Certaines croyances sont conscientes, on est au courant que l'on pense de cette façon-là. On sait évidemment que toutes les femmes sont infidèles, d'ailleurs tout le monde le sait, et c'est prouvé scientifiquement, n'est-ce pas ? (À moins que ce ne soit les hommes ? J'ai un doute tout à coup...)

Le fait d'être conscient de certaines croyances leur enlève une part de leur puissance. Si vous pensez que vous êtes de nature anxieuse, et que vous le dites à qui veut bien l'entendre, personne ne s'étonnera de voir chez vous des manifestations de stress. Vous pourrez même tranquillement utiliser des techniques spécifiques de respiration pour lutter contre votre anxiété, tout en sachant que ça ne va pas marcher, puisque « c'est votre nature et que ça, ça ne change pas ». C'est rassurant quelque part de pouvoir compter sur votre anxiété, en vous disant qu'elle sera toujours là pour vous tenir compagnie, quoi que vous fassiez, elle sera fidèle au poste comme elle l'a toujours été. Même en cas de crise de panique, finalement « tout va bien », puisque c'est normal, c'est comme ça, vous êtes comme ça, tout est en ordre, bien à sa place, comme prévu : « Je le savais, je panique dans ce genre de situation, *c'est toujours comme ça.* » Le paradoxe est que votre stress est finalement le composant le plus rassurant de votre environnement : quoi qu'il se passe, il est là, toujours prêt à (vous) rendre service !

Cette croyance (car c'en est bien une) devient limitante, le jour où vous vous rendez compte que vous n'avez plus besoin de ce stress continuel pour exister, et que, pourtant, vous avez l'impression de ne pas pouvoir vous en débarrasser puisqu'il fait partie de votre identité (mais comme vous le savez maintenant, ce n'est qu'une illusion, ou plutôt une confusion entre qui vous *êtes* et ce que vous *faites*). Prendre conscience que cette pensée est une croyance est déjà un pas énorme vers la libération. Vous pouvez exister sans stress, vous pouvez être en sécurité en étant détendu, vous pouvez être encore plus vous-même en étant serein (car c'est votre vraie nature).

D'autres croyances sont enfouies dans les sous-couches de nos pensées, et bien qu'elles les dirigent, il est moins évident de mettre la main dessus. Quand on en attrape une, c'est le gros lot, car elle entraîne en général avec elle tout un tas de blocages dont on ne savait pas comment se défaire. Les croyances inconscientes agissent par définition en dehors de notre champ de conscience, c'est-à-dire qu'on ne comprend pas d'où ça vient, et on trouve d'autres explications conscientes qui nous semblent les bonnes pour justifier nos actions ou celles des autres à notre égard.

Voici par exemple une croyance inconsciente limitante (assez répandue) : « Je ne mérite pas d'être heureux. » Cette simple phrase est à l'origine d'un mécanisme d'auto-sabotage très élaboré et souvent parfaitement au point. Ça vous parle ? Quelqu'un qui pense inconsciemment ne pas mériter d'être heureux va tout faire pour ne pas l'être et la plupart du temps, il va très bien y arriver. Consciemment, il n'a aucune idée de son implication dans le processus, et c'est cela même qui l'empêche de le stopper, ou plutôt de le modifier, d'une manière qui lui conviendrait mieux. Avec cette croyance, c'est comme si une partie des choses de la vie nous était interdite. Mais on ne le sait pas. Enfin, on le sait sans le savoir, comme si on ne cherchait pas à obtenir cette autorisation qui semble nous manquer, comme si cela allait de soi : « Ce n'est pas pour toi de toute façon, alors à quoi bon lutter ? », nous dit cette croyance. Mais vous savez maintenant que vous n'êtes plus obligé de la croire et ça, c'est déjà une manière d'ouvrir la porte qui mène à la liberté (celle que vous méritez, justement).

À VOUS !

Prenez conscience de vos croyances limitantes et de vos croyances aidantes

Complétez les phrases ci-dessous avec la première chose qui vous vient à l'esprit. Il se peut que vous soyez surpris par ce que vous écrivez, si c'est le cas, cela signifie que vous avez découvert une de vos croyances inconscientes.

- Si j'obtiens ce que je veux, alors ……………………
- Si je réussis dans ……………………, j'ai peur que …………………….
- Je ne réussis pas complètement dans …………………… parce que ……………………
- Le fait d'obtenir tout ce que je veux dans …………………… risquerait de ……………………
- Être …………………… signifierait que ……………………
- Je dois rester …………………… parce que ……………………
- Je ne peux pas devenir …………………… car ……………………
- Ce n'est pas possible pour moi d'être …………………… parce que ……………………
- Je n'aurai jamais …………………… car ……………………
- Je ne suis pas capable de …………………… parce que ……………………
- Je n'arriverai jamais à …………………… car ……………………
- Ce n'est pas bien de vouloir être …………………… parce que ……………………
- Je ne mérite pas d'être …………………… parce que ……………………

Rassurez-vous, vous pouvez changer tout ce qui ne vous plaît pas dans ces phrases ! Et ça tombe bien, c'est justement l'objet de ce livre ! Comme quoi, la vie est bien faite parfois, vous ne trouvez pas ? (Et hop, une petite croyance aidante au passage, ni vu, ni connu !)

Et pour vous rebooster un peu le moral après cette avalanche de croyances négatives qui sont peut-être apparues plus facilement que vous ne l'auriez cru, voici des croyances aidantes à compléter pour que vous puissiez également prendre conscience de vos forces et même de celles qui sont cachées au plus profond de vous ! Allez, respirez un bon coup, pensez à la dernière chose agréable que vous avez vécue récemment et complétez ces phrases sans prendre le temps de réfléchir.

- Je vais arriver à ……………………………………………………………………… parce que………………………………………………………………………………
- Je sais résoudre les problèmes car………………………………………………
- Je suis capable de ……………………………………………………………………… parce que………………………………………………………………………………
- Je peux obtenir tout ce que je veux dans……………………………… parce que………………………………………………………………………………
- Je peux être……………………………………………………………………………… parce que………………………………………………………………………………
- J'ai le droit de devenir……………………………………………………………… car ………………………………………………………………………………………
- C'est possible pour moi d'être ……………………………………………… parce que………………………………………………………………………………
- J'aurai bientôt…………………………………………………………………………… car ………………………………………………………………………………………
- Je suis capable de réussir parce que ……………………………………
- Je suis compétent dans ………………………………………………………… parce que………………………………………………………………………………
- J'ai un vrai talent pour…………………………………………………………… car ………………………………………………………………………………………
- Mes rêves sont accessibles parce que …………………………………

• Je mérite d'être..
parce que...

Vous savez maintenant ce qu'est une croyance, l'impact que cela peut avoir dans nos vies, négativement ou positivement. Vous venez même de découvrir quelles sont celles qui vous concernent de façon tout à fait personnelle. Il est temps de passer à l'étape suivante, c'est-à-dire de découvrir comment il est possible de transformer nos croyances limitantes en croyances aidantes.

Comment changer une croyance ?

Une croyance est une façon de percevoir le monde. La bonne nouvelle, c'est que le nombre de possibilités à notre disposition pour changer cette perception est illimité. En changeant de point de vue, on change notre idée sur les choses, et presque automatiquement, une nouvelle croyance se met en place.

Tout processus de changement est basé sur un changement de croyance. Même lorsqu'on arrête de fumer, on effectue un changement de croyance : « Je suis fumeur », « J'ai besoin de fumer » ou « Je suis esclave de la cigarette » deviennent « Je peux me passer de cigarette », « La cigarette est inutile pour moi » ou « Je vis mieux sans cigarette », ou encore « Je suis libre ». C'est le changement de croyance qui permet le changement de comportement. Quelqu'un qui est persuadé de ne pas pouvoir se passer de cigarette ne peut pas (encore) réussir à arrêter de fumer. De même qu'une personne qui est persuadée de ne pas pouvoir changer ne pourra pas évoluer (ce qui renforcera sa croyance, d'ailleurs).

> « Mais alors, dit Alice, si le monde n'a absolument aucun sens, qui nous empêche d'en inventer un ? »
>
> **Lewis Carroll**

Pour rendre ce changement de croyance possible, la première étape consiste à savoir que nous ne pouvons pas connaître la réalité telle qu'elle est, ce qui veut dire qu'il n'y a rien de « vrai » en soi en ce qui concerne nos pensées. Une croyance n'est pas plus « vraie » ou « fausse » qu'une autre dans l'absolu. Elle est vraie dans notre réalité subjective, et cette réalité-là est tout à fait personnelle et très peu partagée par les autres êtres humains qui peuplent cette planète (contrairement aux apparences). Notre façon de penser, de voir le monde, est comme une carte que nous dessinons en permanence. Chacun a la sienne et s'étonne chaque jour de constater que celle des autres est différente, tant nous sommes persuadés de détenir l'unique vérité. L'un des principes de base de l'hypnothérapie et de la PNL résume cette idée en une phrase : « La carte n'est pas le territoire. » En comprenant cela, on peut alors s'attacher à modifier notre carte, à l'agrandir, à la colorier, jusqu'à ce qu'elle nous permette d'arriver là où l'on désire aller.

« La carte n'est pas le territoire »

Cette phrase, désormais célèbre, vient du philosophe Alfred Korzybski (1879-1950). Pendant la Première Guerre mondiale, il était officier d'état-major dans l'armée russo-polonaise. La légende dit qu'il avait soigneusement préparé le plan d'attaque de ses troupes sur des cartes détaillées. Mais ces cartes ne signalaient pas un profond fossé, où les mitrailleuses prussiennes étaient postées. Son bataillon fut exterminé en totalité. Cet évènement serait à l'origine de cette phrase extrêmement riche de sens : « La carte n'est pas le territoire qu'il représente. » Son expérience d'officier lui a permis de comprendre à quel point nos points de vue ne pouvaient pas représenter la réalité parce que celle-ci est justement différente pour chacun et cette différence de perception a contribué au déclenchement de la guerre. « Mon service au front pendant la guerre mondiale et une connaissance approfondie des conditions de vie en Europe et aux États-Unis d'Amérique m'ont convaincu de la nécessité d'une révision scientifique de toutes les notions que nous avons sur nous-mêmes » écrit-il en 1933 dans son livre *Science and Sanity*[1].

Voici de façon plus détaillée les trois principes qui permettent de remettre en cause notre manière de penser et qui montrent qu'une représentation ne peut pas être ce qu'elle représente, puisque sa nature est justement d'appliquer des filtres pour rendre les choses (plus) intelligibles.

1. La carte n'est pas le territoire : cela veut dire que les mots ne sont pas les choses, le mot « chat » ne miaule pas. Les mots ne sont pas ce qu'ils représentent.

2. La carte ne représente pas tout le territoire : le territoire cartographié est plus petit qu'en réalité, tout n'est pas indiqué, comme le mot ne représente qu'une partie de la chose qu'il décrit. Pour représenter une forêt, on ne dessine pas chaque arbre, mais une tache verte. Un mot contient beaucoup plus de choses que sa définition. Le mot « amour » par exemple aura pour chacun de nous une signification (bien) différente (d'où de nombreux malentendus, n'est-ce pas ?).

3. La carte est auto-réflexive, tout comme le langage, puisque nous l'utilisons pour parler de lui, disant quelque chose à propos de quelque chose qui a été dit. On ne peut que se servir du langage pour l'expliquer ou le décrire ; il est donc difficile de sortir des limitations qu'il nous impose.

Maintenant que vous savez que vos croyances ne reposent sur aucune réalité tangible, et que vous avez la liberté et le pouvoir de les changer à volonté, examinons les différents moyens qui sont à votre disposition pour transformer une croyance limitante en une croyance aidante.

---

1. Korzybski Alfred, *Science and Sanity : An Introduction to Non-Aristotelian Systems and General Semantics*, Institute of General Semantics, 1995.

Les croyances qui changent toutes seules

Le moyen le plus simple et le plus naturel pour changer ses croyances est… de vivre ! En effet, nos croyances évoluent spontanément tout au long de notre vie. De nombreux enfants « croient » à l'existence du Père Noël, puis cette croyance évolue inévitablement en grandissant (vous n'y croyez plus, dites ?). La vie nous offre suffisamment d'expériences pour transformer notre carte au gré de ce qui nous arrive, de ce que nous traversons, ou de ce que l'on découvre. Frédéric ne souhaite pas s'engager, malgré de nombreuses relations de couple parfois très longues, il ne trouve pas la femme qui lui donne envie de passer le cap. Et pourtant, à 85 ans révolu, il dit « oui » devant le maire (et restera marié jusqu'à sa mort, quinze ans plus tard). « Il n'y a que les imbéciles qui ne changent pas d'avis » dit-on dans ce genre de circonstances, comme pour justifier aux yeux des autres notre virage à 180 degrés. C'est rassurant de savoir que la vie nous permet d'évoluer naturellement, sans avoir forcément besoin de consulter qui que ce soit, non ?

Identifier à quoi sert la croyance limitante

Une croyance est utile, même si elle est limitante. Elle sert le plus souvent à nous protéger, c'est en tout cas ce que l'on croit. La croyance « Le mariage, ce n'est pas pour moi » a permis à Frédéric de ne pas être dépendant de quelqu'un d'autre, de rester libre, de se protéger des souffrances qu'il associait à cette idée d'engagement. Elle lui a été utile pendant de nombreuses années, puis elle est devenue limitante et il a pu la modifier (mieux vaut tard que jamais !).

Pour savoir à quoi sert une croyance limitante, il suffit de se poser la question suivante : « Si je me permettais de faire ce que je veux, de désobéir à cette règle ou à cette idée, que pourrait-il m'arriver de désagréable ou de grave (ou arriver aux autres) ? » Par exemple, si j'ai la croyance que je ne peux pas réussir, je peux me demander : « Et si je réussissais, qu'est-ce qu'il pourrait se passer ? Quel serait le risque ? » Il peut être question d'une place à conserver : « Cela pourrait détruire l'équilibre familial : c'est mon frère qui a droit au succès, et pas moi, donc je perdrais ma place dans la famille. Même si c'est la place du "raté", c'est ma place et j'y tiens ! » Il peut aussi être question d'une loyauté familiale : « Je n'ai pas le droit d'être heureuse en couple car mes parents n'ont pas réussi, et en échouant, je suis leur digne fille. » Il peut y avoir toutes sortes de raisons (inconscientes) qui nous motivent à rester enfermé dans des schémas limitants. Vous pouvez aussi vous demander : « Quel avantage est-ce que j'ai retiré de cette croyance jusqu'à présent ? De quoi m'a-t-elle protégé ? »

En prenant conscience de l'utilité de la croyance, on peut ensuite questionner cette utilité et la remettre en question : « Si je réussis, alors mes amis seront jaloux et je perdrai leur amour, donc je ne peux pas réussir. » Des amis qui ne sont pas capables de se réjouir pour nous, sont-ils vraiment des amis ? Valent-ils la peine que je sacrifie mes projets pour eux ? Ne vaudrait-il pas mieux que je cultive d'autres relations qui pourront me soutenir ou m'encourager ?... Et la croyance peut alors se transformer en : « Réussir me permettra de rencontrer de nouvelles personnes. » Ou encore : « Réussir me permettra de faire le tri dans mes relations pour déterminer qui sont mes vrais amis. »

La question du « comment »

Il arrive que des croyances limitantes soient simplement le résultat de questions restées sans réponse. Si l'on ne sait pas *comment* changer un comportement, cela peut donner naissance à la croyance : « Ce comportement ne peut pas être changé. » Si l'on ne sait pas *comment* effectuer une tâche, la croyance « Je suis incapable de faire ça » peut se développer, ce qui stoppe immédiatement toute recherche de solution, car les croyances ont le pouvoir de figer les choses à un instant T et pour l'éternité (ou presque). Par exemple, la croyance « Il est dangereux de dire ce que je pense » peut rapidement se transformer en répondant à la question « *Comment* puis-je dire ce que je pense tout en restant en sécurité ? ». Il s'agit simplement d'inclure dans la question l'utilité de la croyance « Je veux rester en sécurité » pour y apporter une réponse adéquate.

Trouvez le « comment »

Pour vous entraîner à chercher « la question du comment » qui débloque souvent les impasses, voici quelques exemples où cette question peut apporter des solutions intéressantes.

- « Si je montre mes émotions, on me rejette. »
  – *Comment*.. ?
- « Si je souffre moins, je vais perdre ma créativité. »
  – *Comment*.. ?
- « C'est dangereux d'essayer quelque chose de nouveau. »
  – *Comment*.. ?
- « Je suis trop vieux/trop jeune pour faire… »
  – *Comment*.. ?

Et une fois que vous avez la question, amusez-vous à y répondre !

■ La technique du recadrage

Changer de point de vue est une des façons les plus simples et les plus rapides de changer de croyance. Plus on élargit notre vision du monde, plus on augmente nos perceptions et plus on découvre des possibilités pour le comprendre et lui donner un sens. Et parmi toutes ces possibilités, il y en a forcément une qui nous permet de considérer les choses plus positivement. Un thérapeute raconte l'histoire d'un homme inconsolable depuis la mort de sa femme. Il se désolait de devoir continuer à vivre sans elle et se noyait jour après jour dans une tristesse sans fond. En considérant que le fait de ne pas mourir en premier a pu éviter à sa tendre épouse la souffrance de vivre seule a donné une autre perspective à ce qu'il endurait. Son existence avait de nouveau un sens : en étant en vie, il continuait à aimer sa femme et prendre soin d'elle. Bien que sa situation n'ait pas évolué, ce changement de perspective lui a sauvé la vie.

On connaît tous ce procédé : des situations qui nous paraissaient catastrophiques sur le coup peuvent par la suite nous faire rire. Cette « prise de recul » est une forme de recadrage. Pourquoi attendre cinq ou dix ans avant de pouvoir s'en amuser ? Il est possible de le faire dès aujourd'hui (ça vous tente de gagner dix ans de bien-être ?). Les expressions « prendre de la distance », « faire un pas de côté », « lever la tête du guidon » nous montrent à quel point la technique du recadrage est un processus naturel et accessible à tous. Certaines situations demandent d'autres formes de recadrage, et ça tombe bien puisqu'il en existe de toutes sortes. Recadrer une situation, c'est l'observer d'un autre point de vue en changeant le cadre : plus grand, plus petit, plus à droite, plus à gauche, plus en détail, plus global, à court terme, à long terme… Les possibilités sont infinies.

Dans la deuxième partie de ce livre, vous trouverez beaucoup d'exemples de recadrage de croyance limitante (car c'est une de mes techniques préférées). Un type de recadrage que je trouve très intéressant est joliment formulé par Oscar Wilde : « La vie déguise souvent en épreuves amères les bienfaits dont elle nous comble. » Savoir que l'on peut considérer l'épreuve que l'on traverse comme un atout, une expérience, un bienfait, une ressource pour le futur, c'est très encourageant, n'est-ce pas ?

Entraînez-vous à changer de perspective

Ce premier exemple est tiré du livre *Sleight of Mouth*[1], de Robert Dilts.

Regardez cette image :

Maintenant, regardez ce qui se passe quand le cadre est élargi. Notez comment votre compréhension de la situation représentée s'en trouve transformée.

1. Dilts Robert, *Sleight of Mouth : The Magic of Conversational Belief Change*, First Edition Edition, 1999.

Et remarquez ce qui se passe quand notre perspective est de nouveau élargie ! Je connais un sage indien qui préconisait de remonter au moins trois générations en arrière, avant de juger une personne. L'élargissement temporel du cadre peut en effet aussi nous amener à de nouvelles conclusions.

Ce second exemple nous montre clairement ce qu'un changement de point de vue veut dire et illustre bien les malentendus, souvent la base des relations humaines, n'est-ce pas ?

Apprenez à vous recadrer !

Notez une situation que vous jugez difficile, douloureuse, déprimante :

....

....

....

Et notez l'émotion provoquée par cette situation sur une échelle de 1 à 10 (10 étant le maximum) en entourant le chiffre correspondant :

1 2 3 4 5 6 7 8 9 10

Changez la taille du cadre en élargissant à l'échelle du temps : comment vous apparaîtra cette situation dans vingt ans ?

....

....

....

Comment vous apparaît-elle à l'échelle de votre vie tout entière ?

....

....

....

Si cette situation pouvait avoir une autre signification plus positive, qu'est-ce que ça pourrait être ? (Cherchez bien, il y a forcément une façon de la voir positivement, je vous assure !)

....

....

....

Notez maintenant votre émotion en repensant à la situation de départ à la lumière des réponses que vous venez d'apporter :

1 2 3 4 5 6 7 8 9 10

Prenez du recul pour élargir vos perceptions

https://www.pourallermieux.com/4croyances

Flashez ce QR-code ou recopiez l'adresse ci-dessus dans votre navigateur internet pour profiter de cette première séance d'hypnose. Elle vous aidera naturellement à prendre de la distance pour voir les choses de manière plus bénéfique.

■ La technique du contraire incroyable : faire « comme si c'était vrai »

Les enfants ont cette faculté extraordinaire d'utiliser facilement leur imaginaire, ils font « comme si c'était vrai ». Ils imaginent un cheval avec un manche à balai, ils se transforment en fée avec un chapeau pointu : « On dirait que c'est moi la maîtresse et toi la petite fille, d'accord ? » dit l'enfant à sa mère. C'est une capacité que l'on a tous, mais que l'on a parfois simplement oublié d'utiliser. Face à une croyance limitante, ce jeu, à la fois simple et magique, est beaucoup plus puissant qu'il n'en a l'air. Il permet de débloquer des situations inextricables, de sortir de l'enfermement pour retrouver sa liberté.

Devant un jugement négatif de vous-même, demandez-vous : « Qu'est-ce qui se passerait si l'inverse était vrai ? » Imaginez une seconde qu'au lieu de penser « Je suis nul », vous pensiez « Je suis génial » et que vous le croyiez vraiment, en faisant « comme si c'était vrai ». Le choc provoqué par la formulation contraire engendre une sorte de bug dans le cerveau qui ouvre l'espace nécessaire au changement de croyance. Prenez ensuite le temps de sentir ce que cette nouvelle phrase génère à l'intérieur, ce qui bouge, ce qui devient plus léger, plus facile, plus simple... C'est plus agréable, n'est-ce pas ?

C'est là qu'il est intéressant de se rendre compte que vous pouvez décider de vos pensées, personne ne vous force à penser ceci ou cela. Quoi qu'on vous ait dit ou fait, aujourd'hui il n'y a personne dans votre tête qui tient les commandes de votre cerveau et qui parle au micro de votre voix intérieure. Vous êtes le seul maître à bord et vous êtes libre de croire ce que vous voulez. Peut-être que la formulation « Je suis génial » ne vous convient pas ? Ça tombe bien, il en existe des milliers d'autres et vous pouvez choisir celle avec laquelle vous vous sentez complètement à l'aise : « Je suis une personne fiable », « On peut compter sur moi », « Je suis digne de confiance », « J'ai déjà accompli beaucoup de choses », « J'ai de la persévérance », « Je suis capable », « Je suis compétent », « Je fais des progrès tous les jours »...

Une croyance est comme la structure d'un édifice. Quand on met en doute une croyance, plusieurs murs peuvent s'écrouler d'un seul coup, des murs qui nous enfermaient, qui nous empêchaient de voir le monde tel qu'il est. C'est alors un immense sentiment de liberté qui s'installe à l'intérieur.

À VOUS !

Transformez vos croyances limitantes en croyances aidantes

1. Choisissez la croyance limitante que vous avez envie de changer (sachant que vous pouvez refaire cet exercice plusieurs fois, avec autant de croyances que vous le souhaitez).

....

....

....

....

Exemple : « Si je réussis... *(ma reconversion professionnelle / à gagner un million d'euros / à vivre de ma passion)*, les gens seront jaloux et ne m'aimeront plus. »

2. Déterminez la croyance de remplacement qui vous convient en suivant les indications ci-dessous.

....

....

....

....

Exemples : « Plus je réussis et plus les gens m'admirent. » / « Plus je réussis et plus j'ai d'amis. » / « Réussir me permet de savoir qui sont mes vrais amis. »

La croyance de remplacement doit être exprimée de façon positive, sans négation. Exemple : « Plus je réussis et plus les gens m'aiment » et non pas « Si je réussis, les gens ne seront pas jaloux ».

Elle ne doit pas décrire l'objectif déjà réalisé : « J'ai réussi et tout se passe bien » car vous savez que ce n'est pas encore vrai. Exemple : pour une personne qui pèse 85 kilos, une bonne croyance de remplacement à « Je ne peux pas maigrir » pourrait être « Je peux apprendre à respecter les besoins de mon corps au quotidien » et non pas « Je pèse 55 kilos ».

Les formulations sont infinies et il est important que celle que vous choisissez soit complètement personnalisée et que vous vous sentiez à l'aise en la prononçant.

AUDIO

Installez votre nouvelle croyance

https://www.pourallermieux.com/4croyances

Vous pouvez commencer par lire le texte ci-dessous et puis ensuite écouter cette séance audio qui vous permettra d'installer encore plus profondément et durablement votre nouvelle croyance aidante.

3. Maintenant, vous allez pouvoir faire comme si cette nouvelle croyance était déjà installée dans votre disque dur intérieur. Et vous pouvez commencer à imaginer toutes les conséquences positives de cette nouvelle façon de penser dans votre quotidien… Par rapport aux personnes que vous côtoyez, votre façon d'agir, de réagir et d'interagir avec les autres… et avec vous-même… et vous pouvez profiter de ce moment particulier pour vivre pleinement cette expérience… Et peut-être même que vous pouvez percevoir le changement dans la façon dont les autres vous regardent, ce que cette nouvelle croyance leur permet de découvrir de vous à différents niveaux… et

comment vos capacités qui s'en trouvent libérées peuvent maintenant s'exprimer pleinement... tandis que vous sentez de quelle façon votre potentiel se libère simplement parce que c'est le moment pour vous... Et alors que toutes ces choses se mettent en place, et à leur juste place, vous commencez à imaginer tout ce qui aurait été différent dans votre passé si cette nouvelle croyance bénéfique avait déjà été présente dès le départ... En quoi certains évènements auraient été autrement perçus... les apprentissages qui seraient naturellement installés à l'intérieur... et en remontant ce chemin de vie, c'est comme si tout s'alignait pour mettre en concordance votre corps, votre cœur et votre esprit... une harmonie... un ancrage... un souffle de liberté... et maintenant, vous pouvez imaginer que vous présentez cette nouvelle croyance à vos mentors... aux personnes qui vous ont servi de modèles à différents moments de votre vie... et vous pouvez regarder comment ils accueillent ce changement en vous, votre nouvelle façon de faire, de dire, de percevoir les multiples possibles qui s'offrent à vous... et vous pouvez déjà imaginer tout ce que vous pouvez en faire à partir d'aujourd'hui... en quoi cela vous permet de continuer à avancer sur le chemin qui est le vôtre, et qui vous mène au sens... à ce qui fait sens et qui permet de se sentir comme appartenant à quelque chose de plus vaste... Et tout en connectant ce sens donné aux choses, aux évènements, aux circonstances... un apaisement s'installe et s'intègre, et vous permet de déjà pouvoir vous voir agir et réagir en accord avec vos valeurs... et alors que votre inconscient installe tout ce qu'il y a lieu d'installer de manière à intégrer ce changement de croyance profondément, votre esprit conscient vous permet de vous connecter ici et maintenant pour pouvoir profiter pleinement de cette journée en parfaite possession de toutes vos capacités.

2. Les quatre principales croyances limitantes

> « Il n'y a que deux façons d'envisager la vie. La première est de croire que rien n'est merveilleux. La seconde est de considérer que tout tient du miracle. Je choisis la seconde. »
>
> **Albert Einstein**

Chaque jour, un nombre infini de pensées nous traverse l'esprit. Certaines d'entre elles s'accrochent quelque part et se transforment en certitudes. Ces pensées-certitudes que l'on appelle croyances sont innombrables. Depuis les travaux de Robert Dilts, trois d'entre elles sont considérées, par tous ceux qui travaillent avec, comme étant les plus largement répandues :

– « Ce n'est pas possible. »

– « Je n'en suis pas capable. »

– « Je ne le mérite pas. »

À ces trois incontournables, j'en rajoute une quatrième, qui, d'après mon expérience en cabinet, a toute sa place au panthéon des phrases empêcheuses de tourner en rond :

– « C'est de ma faute. »

Ces affirmations vous semblent familières et résonnent d'une façon particulière quand vous les lisez ? C'est que nous avons tous, à un moment ou un autre, adhéré à ces pensées-là. Tout dépend ensuite à quel niveau se situent ces croyances et ce qu'elles évoquent pour nous.

– Pour tout le monde, il y a des choses qui *ne sont pas réalisables* : est-ce trouver un travail ? Ou apprendre à voler ?

– Chacun se sent *incapable de faire* quelque chose de particulier : est-ce réussir à sortir de chez soi ? Ou partir faire le tour du monde à pied ?

– En ce qui concerne *le mérite* : croyez-vous ne pas mériter l'amour de vos proches ? Ou ne pas mériter de devenir une star planétaire du rock'n'roll ?

– Et pour *la culpabilité* : vous sentez-vous coupable de tous les malheurs de la Terre ? Ou coupable d'avoir oublié l'anniversaire de votre (lointaine) cousine ?

Comme vous l'aurez compris, il n'est pas nécessaire de changer une croyance si elle a peu d'impact dans notre quotidien. Certains blocages ne sont pas du tout handicapants dans la vie de tous les jours. Une maîtresse d'école qui pense être incapable d'apprendre à conduire un camion n'en sera peut-être pas du tout affectée. En revanche, un jeune pompier qui croit avoir la même incapacité sera au contraire atteint profondément par cette croyance qui peut l'empêcher d'exercer son métier. Tout dépend de ce que la limite qu'on s'impose représente pour nous et de l'importance qu'on lui accorde.

La modification de ces quatre croyances limitantes permet de reprendre espoir dans le futur, d'augmenter ses capacités, de redonner du sens à ses responsabilités, et de percevoir de façon plus juste sa valeur personnelle. Sympa comme programme, non ?

Croyance n° 1 - ce n'est pas possible

Cette phrase met fin à toute recherche d'amélioration ou d'évolution. Elle est limitante car elle supprime de façon arbitraire des possibilités, des alternatives, des choix. L'objectif est déclaré irréalisable une bonne fois pour toutes. Cette croyance raye de la carte nos désirs, ou pire nos besoins (vitaux), et nous empêche littéralement de trouver le chemin qui mène à leur satisfaction. Et quand l'espoir n'est plus autorisé, le désespoir ne tarde pas à pointer le bout de son nez. « Ce n'est pas possible », donc ce n'est plus la peine d'y penser : stop, *cut*, fin de l'histoire. Sauf que notre besoin, lui, est toujours là, écrasé par ce tampon « impossible » écrit en lettres capitales. Il est enfoui, piétiné, enterré. Et il emporte avec lui notre joie de vivre (oui, carrément). Tout nous paraît fade, sans intérêt, sans valeur : à quoi bon vivre s'il est impossible d'être heureux ?

Après vingt-cinq ans de mariage, Marc pense qu'il est impossible de divorcer. Seulement, voilà, il vient de rencontrer une autre femme dont il est tombé éperdument amoureux. Il songe à elle sans arrêt mais bloque ces pensées amoureuses dès qu'elles apparaissent (ce qui ne fait que les renforcer d'ailleurs) pour être en accord avec ses valeurs d'engagement : « Quand on s'engage, on s'engage jusqu'au bout. » « Parfois, je pense à mourir avec joie, me dit-il. Je ne vois aucune source de plaisir quand je considère mon futur. » Il ne fait aucun rapprochement entre les deux phrases « Je dois rester marié avec une femme que je n'aime plus » et « Je pense à mourir ». Son besoin est tellement enterré sous la croyance que le divorce est impossible qu'il ne voit pas d'autre échappatoire que la mort. En se rendant compte qu'en quittant sa femme (ou en envisageant que cela est possible), il est en accord avec sa valeur d'engagement, un engagement envers lui-même, un engagement qui lui permet de préserver sa vie « jusqu'au bout », il peut alors entrevoir d'autres perspectives.

À la question « Qu'est-ce que vous voulez ? », les personnes qui ont la croyance que leur objectif est impossible à atteindre vont répondre : « Je ne sais pas. » Leur désir est tellement masqué par des couches et des couches d'impossibilité qu'il n'est même plus identifiable. Ce que je veux n'est pas possible à avoir, donc je préfère dire que rien ne m'intéresse (comme ça, je suis certain de continuer à ne pas l'obtenir) ou je préfère mourir (si le besoin caché est vital). C'est trop inaccessible, trop loin, il y a trop d'obstacles de toutes sortes. C'est inenvisageable, impensable, inatteignable. L'explication officielle est que la cause se trouve à l'extérieur : c'est impossible à cause du gouvernement, c'est impossible à cause de la situation économique, c'est impossible à cause de la société, c'est impossible parce que… parce que c'est comme ça, tout le monde le sait, voyons !… Cette idée donne la sensation d'être une victime (impuissante) qui subit les choses sans pouvoir lutter : « Toute résistance est inutile, rendez-vous immédiatement ! » Croire que c'est impossible, c'est se livrer à l'ennemi. Le pire de tous, celui qui est à l'intérieur de nous.

Cette croyance ferme toutes les portes, celles qui sont devant mais aussi sur les côtés et même au-dessus et en dessous. Et si c'était possible d'en ouvrir une ? Ou même plusieurs ?…

La célèbre phrase de Mark Twain « Ils ne savaient pas que c'était impossible alors ils l'ont fait » permet de mesurer en un instant l'impact considérable de cette croyance : s'ils avaient su ou plutôt « cru » que c'était impossible, ils n'auraient même pas essayé (ce qui les aurait confortés dans leur idée de départ). L'absence de cette croyance ouvre, au contraire, tous les possibles, de nouvelles perspectives apparaissent, de nouveaux horizons se profilent et laissent place à l'action !

Comment est née cette croyance ?

« Ceux qui pensent que c'est impossible sont priés de ne pas déranger ceux qui sont en train d'essayer. » Cette boutade montre avec humour que la conviction des uns peut influencer l'action des autres. Nos comportements sont déterminés par nos pensées et aussi par celles de notre entourage.

Un enfant découvre le monde, et pour le comprendre, il observe et reproduit. C'est comme cela que les parents peuvent (sans le vouloir) transmettre leurs peurs et leurs limites. « Non, ça ne se fait pas ! » dit le parent, et l'enfant comprend que ce n'est pas possible. Il est de bon ton de dire qu'il est important de poser des limites à ses enfants. Oui, mais lesquelles ? Un enfant à qui on dit « non, c'est interdit » à longueur de journée va-t-il comprendre qu'il ne peut pas tout faire ou qu'il ne peut rien faire ? À chaque « non », ses possibilités se restreignent, son champ d'action se rétrécit, le territoire de « l'impossible » grandit et empiète sur celui du « possible ». Certaines choses sont interdites car dangereuses et d'autres sont interdites simplement parce que... c'est plus simple pour les parents ! Il ne s'agit pas, bien sûr, de culpabiliser ces derniers, puisqu'ils agissent en fonction de leurs croyances, qu'ils ont pu hériter eux-mêmes de leurs parents, qui les avaient héritées des leurs et ainsi de suite... D'autant que chaque individu réagit différemment face à une limite imposée de l'extérieur :

– pour certaines personnes, toutes ces interdictions peuvent devenir un défi à relever : « C'est impossible ?... Très bien, on verra ce qu'on verra ! Moi, je le ferai ! » ;

– pour d'autres, elles vont rester une loi immuable à respecter quoi qu'il advienne : « C'est ce qu'on m'a dit depuis que je suis tout petit », « Je ne vois pas comment il pourrait en être autrement », « C'est comme ça, point final ».

Une autre façon d'« attraper » la croyance que « ce n'est pas possible », est tout simplement de grandir avec des personnes qui expriment, par leur comportement ou par la façon de mener leur vie, que toute évolution est impossible. « C'est impossible de faire un métier que l'on aime sans diplôme », « C'est impossible de se relever après un échec », « C'est impossible de réussir quand on n'a pas d'argent », « C'est impossible de rester marié toute sa vie »... Ces croyances n'ont pas besoin d'être exprimées verbalement pour imprégner l'entourage, elles font partie du décor, de la toile de fond qui sous-tend tout le reste. Et il faut ensuite des circonstances bien particulières pour s'apercevoir qu'il est possible de remettre tout cela en question.

Croire que c'est impossible peut aussi venir aussi du fait que personne ne l'a jamais fait avant nous. C'est ce qui est tellement fascinant dans les grandes découvertes ou les grandes inventions : comment une personne a pu commencer à imaginer que ça pourrait être possible ? Voler dans les airs, explorer l'espace, communiquer avec une personne à l'autre bout du monde... toutes ces réalités de notre vie d'aujourd'hui étaient encore inimaginables il n'y a pas si longtemps. Quelles sont les limites que l'on va encore pouvoir repousser ? Arriverons-nous un jour à communiquer par la pensée ? À se télétransporter ? Jusqu'où l'espérance de vie va-t-elle augmenter ? Avez-vous déjà pensé à toutes les choses impossibles aujourd'hui qui pourraient devenir possibles demain (ou après-demain... on n'est pas à un jour près, hein) ?

Un oui pour un non : une stratégie gagnante

Dans l'idée de ne pas imposer de croyance limitante à ma fille de 2 ans malgré tous les non que l'on est obligé de dire à un enfant (ne serait-ce que pour le protéger), j'ai voulu lui proposer un oui pour chaque non :

— « Non, tu ne peux pas dessiner sur la table mais oui, tu peux dessiner sur cette feuille. »

— « Taper ta sœur, c'est non, mais taper le coussin, c'est oui. »

— « Traverser la rue toute seule, c'est non pour l'instant, mais c'est oui quand tu seras plus grande. »

J'ai utilisé ce principe de façon assidue pendant quelques mois, et puis j'ai simplement oublié de continuer. J'ai été très surprise quand, quelques semaines plus tard, alors qu'elle s'amusait à verser de l'eau hors de son bain et que je lui disais « Mais non, ne fais pas ça ! » d'un air tout à fait excédé, elle a réfléchi un instant, a regardé autour d'elle et a demandé : « Et là ? » en désignant l'intérieur de la baignoire. « Là, oui, lui ai-je répondu. Tu as raison, là, tu peux ! » Et j'ai remarqué ensuite qu'elle cherchait systématiquement pour chaque non où pouvait être le oui. Je me suis dit que c'était une bonne stratégie et que, devant chaque non que nous donne la vie, on pouvait prendre quelques instants pour se demander : « Où est le oui ? »

À quoi sert cette croyance ?

Toute croyance est utile à un moment donné. En hypnothérapie, il arrive fréquemment que les personnes arrivent avec l'idée de se débarrasser d'un comportement, d'une pensée, d'une partie d'elles-mêmes qu'ils rejettent catégoriquement. La première étape est alors de leur permettre de considérer que toutes les parties qui les constituent sont utiles, ou au moins l'ont été à un moment donné. Ce qui est déjà un changement de croyance en soi : « Rien n'est mauvais chez moi et tout a une raison d'être. » En se réconciliant avec soi-même, il est plus facile ensuite de modifier les réglages internes pour arriver à un équilibre cohérent.

« Tout mécanisme inconscient sert à quelque chose », nous dit Milton Erickson, le père de l'hypnose moderne. Les croyances ne font pas exception à la règle, bien au contraire. Le changement devient nécessaire quand leur utilité n'est plus d'actualité ou que la protection (car il s'agit souvent de ça) devient trop grande, et de ce fait, handicapante. Vouloir changer ne veut pas dire que quelque chose est nocif, mais plutôt qu'il y a une amélioration à mettre en place, une mise à jour à effectuer à un certain niveau.

Croire que ce n'est pas possible permet de ne pas prendre le risque d'échouer, de se protéger d'une éventuelle déception. Tant que je ne tente rien, il ne peut rien m'arriver. Je reste dans ma zone de confort (même si elle est très inconfortable). Le changement fait peur et il peut être rassurant de se raccrocher à quelque chose qui semble immuable, même si ce quelque chose est désagréable : tout plutôt que de bouger d'un millimètre. « On sait ce qu'on perd, mais on ne sait pas ce qu'on gagne, ma petite dame. » Ce qui est amusant, c'est que cette peur du changement ne rend pas les choses plus éternelles. « La vie est changement » disait Bouddha, et c'est bien difficile de prouver qu'il avait tort, n'est-ce pas ?

Cette croyance peut aussi servir à ne pas réussir. Qu'est-ce qui pourrait se passer si je réussissais (notamment là où mes parents ont échoué) ? Pour connaître l'utilité d'une croyance, c'est la question que vous pouvez vous poser : « Que se passerait-il de grave (ou de dangereux) si cela devenait possible ? », « Qu'est-ce que ça changerait (que ça change) ?... »

Comment s'en débarrasser ?

Avez-vous déjà observé une mouche qui essaie de sortir d'une maison ? Elle se cogne sur la vitre de la fenêtre, se cogne encore et encore. Et à chaque fois qu'elle repart, elle vise un endroit légèrement différent, et de nouveau bute sur cet obstacle infranchissable. « Ce n'est pas possible » se dirait-elle si elle pouvait penser. À bout de force, elle finit par s'écrouler au sol. « J'ai tout essayé », pourrait-elle expliquer à ses semblables, avant de rendre son dernier soupir : « C'est impossible, personne ne peut y arriver. »

On agit tous comme cette mouche dans certaines circonstances. Paul Watzlawick, psychologue, psychothérapeute, psychanalyste et fondateur de l'école de Palo Alto a résumé ce comportement par le célèbre postulat : « Faire toujours plus de la même chose conduira invariablement à plus du même résultat. » Si on échoue quelque part et qu'on recommence de la même façon en se concentrant plus ou en en faisant plus, on risque fort de continuer à échouer encore plus. Il arrive que certaines mouches qui butent de façon répétitive sur des vitres, se rendent compte tout à coup que la fenêtre est ouverte. Est-ce un courant d'air qui leur donne cette information capitale ? Une intuition subite ? Une prise de recul salutaire ?... Quoi qu'il en soit, en s'envolant rapidement vers le haut ou sur le côté, elles changent de stratégie et retrouvent immédiatement leur liberté (et ensuite elles postent sur Instagram un selfie en pleine nature #jaitrouvelasortie #cetaitimpossiblemaisjelaifait #bzzzz).

> « Un problème sans solution est un problème mal posé. »
>
> **Albert Einstein**

Pour ne pas tomber dans le piège de la mouche, nous avons besoin de créativité (rassurez-vous on en a tous un peu, peut-être bien cachée, mais elle est là quand même). Pour activer cette ressource puissante, cette phrase (qui est un des principes de base de la PNL) nous donne une indication utile : « Si quelque chose ne fonctionne pas, faites n'importe quoi d'autre. » Faire n'importe quoi, c'est-à-dire même quelque chose qui semble absurde ou inefficace, sera plus intéressant que de continuer de la même façon. Persévérer dans la créativité est l'unique effort qui vaille la peine pour rendre les choses possibles. Essayer, observer les résultats, essayer autre chose, observer les améliorations et essayer encore autre chose... jusqu'à vous rendre compte que oui, c'est possible !

Dans la vie, on pense à changer d'habits, de chaussures, de brosse à dents, de coiffure... parfois d'adresse ou même de nom, mais c'est beaucoup plus rare de changer de façon de faire. On a tendance à adopter un mode de fonctionnement une fois pour toutes et à s'y tenir (jusqu'à ce que mort s'en suive) :

– dire à son enfant de ranger sa chambre et continuer à lui répéter la même phrase tous les jours en espérant qu'il finisse par l'entendre (mais il est sourd ce gamin ou quoi ?) ;

– aller au bureau tous les matins en pensant qu'on aurait préféré rester dormir (et arriver là-bas toujours plus fatigué) ;

– attendre des compliments de ceux qui n'en font jamais (et leur en vouloir de ne pas en faire) ;

– ne pas être satisfait de sa relation conjugale et (se sentir justifié de) continuer à critiquer son conjoint ;

– s'inscrire tous les 1er janvier à un club de gym (et se jurer tous les 1er mars qu'on ne le fera plus).

En faisant n'importe quoi d'autre, ça vous donne la liberté de changer le ton de votre voix quand vous demandez à votre enfant de ranger sa chambre (et pourquoi pas même lui demander en chantant ?), lui écrire un mot et l'accrocher au mur, mettre tous les habits qui traînent dans un grand sac poubelle... ou n'importe quoi d'autre !

Et si vous vous offriez la liberté d'aller au bureau en écoutant de la musique, de vous lever une demi-heure plus tôt pour avoir le temps de vous adonner à votre passion (chant, méditation, écriture, DIY...), ou de ne pas y aller pour une fois, ou encore de rester une demi-heure de plus au lit... ou n'importe quoi d'autre !

Faites n'importe quoi d'autre !

Choisissez une chose qui vous paraît impossible et sur laquelle vous voudriez reprendre le contrôle :

....

Répondez aux questions suivantes :

- Et si vous arrêtiez de faire ce que vous avez toujours fait, que se passerait-il ?

....

- Et si vous faisiez l'opposé de ce que vous avez toujours fait, que se passerait-il ?

....

- Et si la situation que vous connaissez habituellement se transformait, quel est le plus petit changement qui pourrait se produire ?

....

- Et s'il était possible de faire n'importe quoi d'autre, quelle est l'idée qui vous viendrait à l'esprit en premier ?

....

- Et en deuxième ? Et en troisième ? (Continuez à laisser venir les idées, jusqu'à en avoir au moins trois, car la troisième est souvent la plus intéressante !)

Donnez-vous d'autres possibilités

https://www.pourallermieux.com/4croyances

Pour poursuivre l'exercice précédant plus en profondeur, flashez le QR code ou recopier le lien dans votre navigateur internet. Vous aurez alors accès à une séance d'hypnose qui vous permettra de mettre à jour vos programmes intérieurs pour élargir les choix à votre disposition.

La recette du gâteau au chocolat

C'est l'histoire d'une jeune femme qui a trouvé une recette de gâteau au chocolat. Elle la suit à la lettre et le gâteau est raté. Elle recommence une deuxième fois, le gâteau est encore raté (exactement de la même façon que le premier). « Allez, je vais essayer encore une fois, ça va bien finir par fonctionner. » Et puis non, toujours le même résultat décevant. « Allez, je recommence, c'est connu, il faut persévérer, sinon ça ne marche pas. »

Gâteau après gâteau, les échecs se succèdent. « Réussir un gâteau au chocolat est impossible », en conclut-elle après de nombreux et infructueux essais. Et elle commence à se plaindre que la vie est injuste, que les gens sont méchants, que le monde est cruel, qu'elle n'a pas eu de chance, que les politiques sont tous des pourris, que les hommes sont tous les mêmes… et pour corroborer le tout, elle expose sa belle collection de gâteaux ratés à qui veut bien la regarder.

Dans la vie, il s'agit souvent aussi d'un mélange d'ingrédients : un peu plus de farine, un peu moins de beurre, une pincée de sel, et tout est différent ! Tout devient possible.

Savez-vous déjà à partir de combien d'essais vous allez commencer à changer quelque chose dans votre recette ?

La technique du Havening[1]

Déterminez ce qui vous semble impossible (et qui vous tient à cœur) et découvrez la technique du Havening pour désensibiliser cette croyance.

1. Complétez ces phrases pour savoir ce qui vous semble impossible :

- Au niveau professionnel, ce n'est pas possible de ....
- En amour, ce n'est pas possible de ....
- Dans notre société, ce n'est pas possible de ....

1. D'après Paul McKenna.

- De nos jours, ce n'est pas possible de ....
- À mon âge, ce n'est pas possible de ....

2. Technique du Havening

Voici une technique issue des nouveaux développements de la recherche en neurosciences qui permet de réduire l'impact émotionnel d'une croyance limitante. Elle a été mise au point par le docteur Ronald Ruden et largement diffusée par l'hypnothérapeute mondialement connu Paul McKenna. En agissant sur la façon dont est encodée l'information, il est possible d'en diminuer la charge émotionnelle associée. Le mouvement des bras et des yeux, couplé au fait de compter (technique de toucher et de distraction), active des zones dans le cerveau qui permettent d'agir sur les neurones de l'amygdale. Cet exercice est utilisé pour soulager des traumatismes, des angoisses, des peurs et d'autres émotions bloquantes.

AUDIO

La technique du Havening

https://www.pourallermieux.com/4croyances

Flashez le QR code ou recopier le lien dans votre navigateur internet pour être accompagné durant cette séance d'Havening. Vous pouvez lire les instructions avant si vous le souhaitez ou commencer directement la séance maintenant.

Concentrez-vous sur la croyance négative et l'émotion qui va avec, et notez son impact sur vous de 1 à 10 (10 étant la charge émotionnelle maximum).

1 2 3 4 5 6 7 8 9 10

Posez la main droite sur l'épaule gauche et la main gauche sur l'épaule droite et caresser vos bras de haut en bas de manière répétitive tout au long de l'exercice (comme si vous vous faisiez un gros câlin).

Videz votre esprit, fermez les yeux et imaginez que vous marchez le long d'une belle plage tranquille. Vous comptez chacun de vos pas de 1 à 20 à voix haute en caressant vos bras à chaque pas. Puis, ouvrez les yeux tout en continuant à caresser vos bras et sans bouger votre tête, regardez à droite et à gauche 5 fois de suite. Fermez les yeux de nouveau, et imaginez une grande prairie ensoleillée où vous marchez tranquillement. Vous comptez vos pas de 1 à 20 à haute voix. Puis vous ouvrez les yeux en gardant la tête droite, et vous regardez à droite puis à gauche 5 fois de suite. Fermez de nouveau les yeux, imaginez un grand et bel escalier, comptez vos pas de 1 à 20 à haute voix. Ouvrez les yeux, arrêtez le mouvement de vos mains et notez votre émotion de 1 à 10 :

1 2 3 4 5 6 7 8 9 10

Si elle est maintenant à 4 ou en dessous, bravo, vous avez terminé. Si vous souhaitez la faire descendre davantage, recommencez l'exercice deux ou trois fois de plus.

Trois exemples pour mieux comprendre[1]

■ Marina, 30 ans : « Ce n'est pas possible d'être heureuse en amour. »

Marina est une belle jeune femme pleine de vie et d'enthousiasme. Après plusieurs expériences malheureuses en amour, elle est partie faire le tour du monde avec un sac sur le dos et sa bonne humeur en poche. De retour chez elle, un an plus tard, elle rencontre un homme qui semble lui convenir parfaitement et qui, par une drôle de coïncidence, habite en face de chez elle. « Je suis partie le chercher au bout du monde et il était juste à côté ! s'amuse-t-elle. Je n'avais qu'à ouvrir les yeux et je l'aurais aperçu. »

Ils s'entendent vraiment à merveille, mais Marina ne se sent pas sereine. Dès qu'il est question d'argent entre eux, son cœur se serre, elle panique et a envie de prendre ses jambes à son cou. Prévoir des vacances, aller au restaurant, se faire des cadeaux… la moindre dépense est compliquée pour elle. Ce blocage lui fait peur et provoque l'incompréhension de son compagnon. C'est comme si elle ne voulait pas s'engager, elle qui rêve d'enfant, c'est à n'y rien comprendre. Elle a peur que cette angoisse mette son couple en danger car cela lui est déjà arrivé par le passé. Très autonome, Marina attache beaucoup d'importance à son indépendance financière. Son compagnon qui a un bon salaire, ne comprend pas pourquoi Marina refuse l'aide qu'il pourrait lui apporter pour finir la formation dont elle a besoin pour se mettre à son compte. Il se sent rejeté et la tension monte.

Le père de Marina, qui trompait sa mère, les a quittées toutes les deux du jour au lendemain en les laissant sans un sou. Pour

1. Les prénoms et les contextes ont été modifiés pour préserver l'anonymat des personnes.

protéger sa fille d'une telle déconvenue, la mère de Marina lui a expliqué pendant toute son enfance et son adolescence que les hommes sont des menteurs et qu'il ne faut surtout pas dépendre d'eux financièrement. Aujourd'hui encore, la mère de Marina a une relation difficile avec son compagnon actuel et sa croyance sur les hommes s'est confirmée tout au long de sa vie. Marina se sent proche de sa mère qu'elle aime profondément. Même si elle a envie de croire le contraire, elle pense qu'il n'est pas possible d'être heureuse avec un homme. Non seulement ce n'est pas possible, mais en plus, elle n'en a pas le droit, puisque sa mère ne l'a pas été. Elle se rend alors compte qu'en étant heureuse en couple, elle a l'impression de trahir sa mère, de lui montrer qu'elle a tort, qu'elle se trompe et qu'elle s'est peut-être trompée toute sa vie. Elle l'aime trop pour lui infliger cela et s'interdit l'accès à cette vie de couple tranquille à laquelle elle aspire tant. En provoquant des conflits avec son compagnon dès qu'il est question d'argent, elle montre inconsciemment à sa mère qu'elle avait raison. Cette prise de conscience sur la motivation inconsciente de son comportement a ouvert la porte à une mise à jour.

– Si vous êtes malheureuse en amour, est-ce que cela rend votre mère plus heureuse dans son couple ?

– Non…

– Est-ce que vous pensez que le fait d'être heureuse dans votre couple peut lui montrer que c'est possible et lui permettre de changer de point de vue sur la question ?

– Peut-être…

– Est-ce que ce ne serait pas un beau cadeau à lui faire, que de lui ouvrir la voie pour qu'elle puisse enfin profiter de cette possibilité ?

– Oui… certainement.

– Est-ce que vous pensez qu'elle mérite ce bonheur ?

– Bien sûr !

– … Et que vous pouvez l'aider à le rendre possible en étant vous-même libérée de tout ça ?

– Ce serait super !

– Peut-être que votre mère n'attend que ça ! De voir (enfin) que c'est possible ! Que sa propre fille lui en fasse la démonstration.

Ce changement de point de vue sur sa relation avec sa mère a permis à Marina de se sentir libre de vivre sa vie comme elle le souhaitait. N'étant plus prisonnière du passé (et surtout du passé de sa mère), elle a pu retrouver sa liberté, tout en conservant sa relation privilégiée avec sa mère. Sa croyance (limitante pour elle) lui servait à prouver son amour à sa mère, elle l'a transformée en une preuve encore plus visible et surtout plus intéressante pour toutes les deux !

■ Annie, 60 ans : « Ce n'est pas possible de rencontrer un homme respectueux. »

Annie est célibataire depuis plusieurs années. Non seulement elle vit très bien sa solitude, mais en plus, elle s'en félicite tous les jours. « Tous les hommes sont faibles » pense-t-elle. Son mari l'a trompée pendant des années avant qu'elle s'en aperçoive et le quitte du jour au lendemain. Des amis lui ont ensuite dit d'un air étonné : « Comment, tu n'étais pas au courant ? », comme si elle avait pu accepter délibérément cette situation intolérable. Elle a donc aussi coupé les ponts avec ces personnes tellement éloignées de ses valeurs. Les hommes qu'elle a pu rencontrer par la suite se sont rapidement révélés méprisables par leur attitude, leur propos, leur étroitesse d'esprit. « Je suis peut-être trop exigeante », pense-t-elle parfois. Mais il lui est impossible aujourd'hui de faire des concessions, elle en a tellement fait pour son mari que la réserve est épuisée, définitivement.

Par un jeu de questionnement, elle se rend compte que cette représentation négative des hommes vient de l'image qu'elle a de son père : « Un homme faible qui n'a rien fait pour que ma mère arrête de boire ! » Alors que c'était possible, puisqu'après cinquante ans de consommation excessive d'alcool, sa mère est devenue sobre du jour au lendemain, un mois seulement après la mort de son mari. « Il aurait dû essayer ! Il n'aurait pas dû nous laisser dans cette souffrance quotidienne ! »

– De quoi votre père aurait-il eu besoin pour pouvoir le faire ?

– D'une paire de couilles !...

– Et si le fait d'être resté avec votre mère toute sa vie était une preuve de sa force de caractère ? Ce n'est pas si évident de vivre avec une personne alcoolique. Il ne voulait peut-être pas abandonner ses enfants ?

– Oui, c'est vrai... Il était très attaché à nous... En y repensant, c'est vrai qu'il avait dû accepter un travail qu'il n'aimait pas pour subvenir aux besoins de sa famille. Mon frère aîné avait été un « accident », alors mon père a dû faire face... Je me rends compte que toute sa vie, mon père a fait des concessions pour maintenir l'équilibre de la famille... Et j'ai fait comme lui avec mon mari...

– De quoi aurait eu besoin votre père ? De quelle ressource ?

– Il aurait eu besoin de se faire respecter pour arrêter de se soumettre devant les autres.

– Ça, c'est quelque chose que vous savez faire ! Vous l'avez prouvé plusieurs fois dans votre vie, et notamment par des décisions que vous avez prises.

– Ah oui, professionnellement, et même dans d'autres domaines, je sais très bien le faire !

– Imaginez que vous donnez à votre père en cadeau cette capacité de se faire respecter, de se respecter lui-même… Qu'est-ce qui change dans son comportement envers sa femme ? Envers vous ?…

– Oh… Ça change tout… Oh… Ça me bouleverse… Je me rends compte que tous les moments joyeux de mon enfance, c'est à lui que je les dois… Il s'est sacrifié pour nous à beaucoup d'égards… Oh… Pauvre papa !…

– Entrez maintenant dans ces images que vous voyez pour ressentir tout ce qu'il est capable de vous donner, de vous transmettre, tout ce que cela change à l'intérieur de vous… Voilà… Très bien… Et regardez comment maintenant vous aussi, vous vous faites respecter et vous faites respecter vos valeurs de fidélité, d'équité, d'équilibre…

– Je ne pensais pas que c'était possible… Pour moi, c'était impossible de trouver quelqu'un qui puisse respecter mes valeurs… Vous êtes sûre que c'est possible ?… J'ai quand même l'impression que tous les hommes bien ne sont plus sur le marché, non ?

– Et pourtant vous êtes bien, vous, et vous êtes sur le marché, non ?

– C'est vrai !… Oui, je ressens que c'est possible… Je n'en suis pas sûre à 100 %, mais oui, c'est possible, c'est fou !… Ça change tellement de choses pour moi… Pendant des années, je me suis protégée, je me suis isolée en pensant que c'était la seule solution… Et maintenant, ça s'ouvre à l'intérieur… Je peux être en relation avec quelqu'un d'autre et me respecter…

– En étant en relation avec quelqu'un d'autre, vous respectez votre valeur d'équilibre, le fait même d'être en relation est une façon de vous respecter.

■ À votre tour[1] !

Quelle est la croyance limitante qui s'est construite dans votre enfance en relation avec un membre de votre famille ? (Exemple : les hommes sont tous faibles comme mon père.)

....

....

Quelle était son intention positive à ce moment-là ? (Exemple : préserver la cohésion de la famille.)

....

....

De quoi cette personne aurait eu besoin pour agir autrement ? De quelle ressource ? (Exemple : de se respecter.)

....

....

Dans quel domaine, dans quel contexte avez-vous déjà expérimenté cette ressource dans votre vie ? (Exemple : dans ma vie professionnelle, je sais ce que je veux et faire ce qu'il faut pour l'obtenir.)

....

....

....

....

Imaginez que vous offrez cette ressource à cette personne... et regardez de l'extérieur quel effet cela produit sur ce qui s'est passé... Comment les choses changent... se transforment... ce qui est différent maintenant...

Plongez dans l'image pour ressentir ce que cela permet comme changement à l'intérieur de vous, les mécanismes qui

---

1. Technique de changement de croyance inspirée du re-emprunting de Robert Dilts.

se mettent à jour, les ressources que cela vous donne et qui s'intègrent subtilement…

Écrivez maintenant votre nouvelle croyance ou la nouvelle formulation qui vous paraît naturellement plus appropriée à votre « vous » d'aujourd'hui. (Exemple : je peux être en relation avec un homme et me faire respecter.)

……………………………………………………………………………………………

……………………………………………………………………………………………

■ Colette, 78 ans : « Ce n'est pas possible de vivre heureux avec Alzheimer. »

Quand mon père a été diagnostiqué, ma mère a cherché des informations sur Internet. Tout ce qu'elle a trouvé était parfaitement déprimant : « maladie dégénérative », « symptôme d'agressivité », « perte d'identité », « mort de la relation », « deuil blanc du partenaire », etc. Bonheur et Alzheimer semblaient être des mots complètement antinomiques. En en parlant autour d'elle, les têtes se sont baissées, les regards se sont détournés, tout le monde le sait : « Alzheimer, c'est l'horreur. » L'horreur pour les patients, mais surtout pour les familles qui assistent impuissantes à la « démence » grandissante de leur proche. Cette croyance largement répandue et relayée par les médias depuis de nombreuses années semble rendre tout changement impossible.

Ma mère, après avoir sombré un petit moment dans le désespoir, a décidé de prendre le contre-pied de cette idée reçue. Et si c'était possible de vivre heureux avec Alzheimer, à quoi ça pourrait ressembler ? Et si c'était possible de conserver la relation et même, pourquoi pas, de l'améliorer, comment pourrais-je faire ? Et si cette maladie était une façon de se reconnecter au présent, à ce précieux présent qui nous échappe la plupart du temps ?…

C'est en observant attentivement ce qui se passait au jour le jour qu'elle a trouvé des astuces, des idées, des aménagements qui lui ont permis de faire rimer bonheur avec Alzheimer[1]*. Au fur et à mesure de l'évolution de la maladie de mon père, elle a pu adapter ses comportements, sa communication et leur environnement pour qu'il s'y sente toujours en sécurité (il n'est jamais devenu agressif). Au lieu de croire ce qu'on lui disait, ce qu'elle lisait, ce qu'elle entendait, elle a choisi de regarder et d'écouter ce qui se passait devant elle et d'en tirer ses propres conclusions. Et elle a pu le faire parce qu'elle a la croyance que les choses conventionnellement admises sont la plupart du temps fausses, une croyance très aidante pour elle à ce moment-là de sa vie ! Et c'est la force de cette idée depuis longtemps ancrée en elle qui lui a permis de ne pas se laisser embarquer par le discours officiel validé par le milieu médical. Après un (petit) combat, la croyance aidante l'a emporté et effacé toutes les anticipations de malheur et les programmations de catastrophes soi-disant inévitables.*

J'ai choisi cet exemple, car je reçois dans mon cabinet beaucoup de personnes qui souffrent d'avoir un proche atteint de cette maladie. Cette souffrance est largement causée par la croyance qu'il est impossible de faire autrement. « Il ne me reconnaît plus, c'est horrible, dès que je vais le voir, je pleure pendant des heures. » Tout dépend en fait de ce qu'on se raconte par rapport à cette réalité. Mon père me demandait régulièrement qui j'étais, mais il le faisait toujours avec beaucoup d'intérêt et de gentillesse. Est-ce vraiment essentiel d'« être la fille de » ou est-ce plus important de continuer à avoir une relation enrichissante et chaleureuse ? Est-on en relation seulement grâce à un lien de filiation ou est-on en relation parce qu'on s'apprécie

---

1. Roumanoff Colette, *Le bonheur plus fort que l'oubli*, Michel Lafon, 2015, et *L'homme qui tartinait une éponge*, éditions de La Martinière, 2018.

mutuellement ? Notre identité est-elle réduite à notre place dans la famille, et si elle disparaît, on disparaît aussi ? Ou est-on beaucoup plus que cela ?...

■ À votre tour !

Quelle est la croyance qui vous a déjà aidé à faire face à une réalité difficile ?

(Je suis née sous une bonne étoile. / J'ai de la force. / Je trouverai toujours un moyen de m'en sortir. / Je refuse de croire ce qui est conventionnellement admis...)

....

....

Gardez cette phrase à l'esprit, écrivez-la sur votre frigidaire ou votre fond d'écran, placez-la dans votre tête à un endroit où elle est facile d'accès quelles que soient les circonstances.

Inscrivez ici toutes les choses que cette croyance vous a permis de comprendre et d'accomplir, toutes les choses qui étaient impossibles et que vous avez rendues possibles :

....

....

....

....

....

Pensez à quelque chose qui vous paraissait impossible avant la lecture de ce chapitre, énoncez à voix haute votre « phrase ressource », et inscrivez la première chose positive qui vous vient à l'esprit :

....

....

....

Et pour conclure, je laisse la parole à Charles de Gaulle qui disait : « Entre possible et impossible deux lettres et un état d'esprit. »

Croyance n° 2
- je n'en suis pas capable

« Je n'en suis pas capable » est une pensée limitante car elle provoque immédiatement un sentiment d'impuissance qui nous prive de notre pouvoir de progression, d'évolution, d'amélioration. Cette croyance très largement répandue peut aussi s'exprimer par cette fameuse affirmation : « Je n'ai pas confiance en moi. »

D'ailleurs, quand on se penche un peu sur cette phrase, on peut la trouver étrange à plus d'un titre : quand on refuse d'accorder sa confiance à quelqu'un, c'est parfois simplement parce que sa tête ne nous revient pas (et la vôtre vous revient forcément, non ?) ou parce que cette personne nous a déçus et peut-être même trahis, mais peut-on se trahir soi-même ? C'est presque une question philosophique. Qui est le « je » qui n'a pas confiance en « moi » ? Qui est le « moi » qui n'inspire pas confiance au « je » ? Il y a au moins deux personnes là-dedans et de quel droit l'une s'autorise-t-elle à juger l'autre ? Elle ne serait pas un peu trop sûre d'elle-même, celle-là, par hasard ? Car souvent, les personnes qui n'ont pas confiance en elles et doutent de tout sont pourtant absolument certaines d'avoir cette défaillance au niveau de la confiance. D'où leur vient cette assurance subite ? Est-ce que le « je » et le « moi » sont d'accord là-dessus ? D'accord pour se faire

> « Échouer, c'est avoir l'opportunité de recommencer de manière plus intelligente. »
>
> **Henry Ford**

suffisamment confiance sur le fait de ne pas se faire confiance ? C'est à y perdre son latin, non ? D'ailleurs, est-ce que les personnes qui ont fait du latin se font plus confiance que les autres ? Qu'est-ce qui fait qu'un beau jour, on se réveille en se disant « À partir d'aujourd'hui, je me fais confiance » ? Est-ce une décision à prendre ? Est-ce un défi à relever ? Ou plutôt une expérimentation à mettre en place ?...

Parfois, je propose aux personnes qui viennent me consulter des tâches à réaliser entre deux séances et une de ces prescriptions activatrices de changement est de faire « comme si on avait confiance en soi » les jours pairs, et « comme si on n'avait pas confiance en soi » les jours impairs, histoire d'avoir un comparatif solide à partir duquel on peut ensuite adopter l'une ou l'autre des possibilités en toute connaissance de cause. C'est sans doute un jour pair qu'Antoine de Saint-Exupéry a écrit : « Ce que d'autres ont réussi, on peut toujours le réussir. » Ce qui est une belle croyance aidante ou je ne m'y connais pas ! Cette phrase ouvre de multiples perspectives. Qu'est-ce que cela changerait dans votre vie si vous décidiez d'adopter cette façon de penser ? Pouvez-vous déjà entrevoir toutes les possibilités qui s'offriraient à vous ? Ou peut-être même déjà les ressentir à l'intérieur ? Je me demande ce qui changerait en premier dans votre vie en imaginant que vous êtes au moins autant capable de réussir que (tous) les autres ?

Comment est née cette croyance ?

« Je n'en suis pas capable » est un jugement sur nos capacités mais aussi sur celles des autres : C'est possible pour les autres, mais pas pour moi. Car si les autres n'en étaient également pas capables, ce serait simplement impossible. « Je ne peux pas voler en agitant les bras, parce que c'est impossible, personne n'y arrive. » Il n'est pas question de mes capacités personnelles mais de celles de l'humanité tout entière. En revanche, la formulation « Je ne suis pas capable » présuppose que les autres y arrivent mais pas moi. « Je ne suis pas capable de parler en public alors que tout le monde y arrive » est peut-être une pensée qui vous est familière. Pourtant, cette formulation n'est pas tout à fait exacte : il s'agit d'une peur et non pas d'une compétence. Tout le monde sait parler en public, mais certaines personnes ont plus peur que d'autres. Il serait même plus précis de dire : « Tout le monde a peur, mais ça se voit plus chez certaines personnes que chez d'autres. » Celles qui se pensent incapables de le faire, savent très bien comment générer cette peur, il leur suffit d'imaginer les jugements négatifs du public, les regards réprobateurs du premier rang, de se voir en train de bafouiller, de transpirer et de se sauver en courant. Ces personnes-là sont tout à fait *capables* d'avoir peur, c'est une compétence qu'elles développent avec assiduité et depuis de nombreuses années (d'où les très bons résultats qu'elles obtiennent dans cette discipline).

Glossophobie

Saviez-vous que la peur de parler en public est une des peurs les plus répandues au monde ? Il est aujourd'hui reconnu que cette phobie est une des plus courantes, loin devant celle de l'avion, des insectes ou même de la mort. Le mot glossophobie vient du grec *glôssa* qui signifie « la langue », et de *phobos*, qui est « la peur panique ». Il suffit souvent d'une seule expérience pour apprendre à avoir peur : passer au tableau devant toute la classe peut être une de ces expériences marquantes. Notre cerveau associe alors le fait d'avoir des regards braqués sur soi et le fait de se sentir mal, et il généralise ensuite cette association à toutes les situations qui peuvent y ressembler de près ou de loin.

Ce qui est intéressant à savoir (et que beaucoup de gens ignorent), c'est qu'il suffit également d'une seule fois pour apprendre à notre cerveau à ne plus avoir peur. En s'adressant à lui dans son langage, c'est-à-dire avec des images, on va pouvoir désassocier la prise de parole en public de la charge émotionnelle à laquelle elle est liée. Après une séance d'hypnose (ou de PNL), on peut directement s'apercevoir que l'évocation de ce qui faisait peur ne provoque plus aucune émotion particulière. C'est la plupart du temps assez bluffant de constater de quoi notre cerveau est capable (aussi rapidement) !

Celui qui a peur de parler devant un auditoire est convaincu que les autres sont au contraire parfaitement à l'aise dans ce genre de circonstances. Je ne suis pas capable de le faire, mais les autres oui, parce que je n'ai pas confiance en moi, mais les autres oui ! Mais qui sont ces autres, tellement extraordinaires ? Viennent-ils d'une autre planète ? Détiennent-ils de super-pouvoirs (ces héros des temps nouveaux) ?

Ce jugement (négatif) sur nos capacités est issu d'une comparaison à une personne précise (frère, sœur, parents…) qui peut se transformer ensuite en une comparaison à un idéal (inatteignable, bien sûr, comme tout idéal qui se respecte). Petit, il est possible que nos parents ou nos éducateurs aient prononcé des phrases comme : « Ne touche pas à ça, tu vas le faire tomber ! », « Pose ça tout de suite, tu vas le casser ! », ou encore « Mais qu'est-ce que t'as (encore) fait ?! » Seulement, voilà, à l'époque, on était trop petit pour comprendre et même envisager que ces jugements sur nos capacités n'avaient aucun caractère définitif. Peut-être qu'en effet, on n'était pas encore

« capable » de mener à bien ces différentes tâches (contrairement aux autres qui semblaient y arriver sans problème) et notre cerveau a inscrit ces « incapacités » comme faisant partie de nous.

Mais, une fois n'est pas coutume, il n'est pas nécessaire ici d'accuser nos parents pour expliquer nos manques. En effet, l'être humain a cette particularité, notamment par rapport aux animaux, d'arriver au monde en étant totalement dépendant de ses pairs. Un bébé ne sait rien faire. Il est complètement « incapable » de satisfaire ne serait-ce que ses besoins vitaux. Les autres font pour lui le nécessaire, les autres savent marcher, parler, manger, s'habiller... Les autres y arrivent mais pas lui. « Je ne suis pas capable », pourrait dire le nouveau-né, s'il savait parler. « Je ne me fais pas confiance pour réussir à survivre seul », pourrait-il penser, à juste titre, ce petit bout de chou.

Il s'agit ensuite de mettre à jour ces pensées au fur et à mesure que nos capacités augmentent, et elles augmentent tous les jours, et même à chaque instant. Avez-vous le sentiment d'avoir oublié de faire des « mises à jour importantes prêtes à être téléchargées » ? Vous sentez-vous parfois comme un nouveau-né qui ne sait ni ne peut rien faire ? Avez-vous bien installé la dernière version recommandée pour le bon fonctionnement de votre système (intérieur) ? En cas de doute, vous pouvez le faire dès maintenant, en passant en revue toutes les réussites que vous avez validées pendant toutes ces années et auxquelles vous n'avez peut-être jamais vraiment prêté attention.

Pour commencer par une des plus spectaculaires, souvenez-vous comment vous avez appris à vous mettre debout, à tenir en équilibre sur vos deux jambes, à faire un premier pas sans vous tenir, et puis... à marcher ! Ce que vous n'étiez absolument pas capable de faire auparavant est devenu tellement facile et naturel que vous le faites tous les jours sans même y penser. Voilà au moins un point sur lequel vous pouvez vous faire confiance, vous savez que vous savez marcher, et même courir, et même sauter ! Tous les matins, en vous levant, la question ne se pose même pas. Pouvez-vous imaginer toutes les choses pour lesquelles vous vous faites confiance sans le savoir ? Toutes les choses que vous êtes capable de faire et auxquelles vous n'accordez aucune valeur ?

La fougère et le bambou, pour en finir avec la comparaison

Voici l'histoire qu'un vieux jardinier raconte à ses petits-enfants :

« Lorsque j'étais plus jeune, j'ai semé des graines de fougère et de bambou. La fougère grandit rapidement, en recouvrant le sol. Mais rien ne sortit des graines de bambou. La deuxième année, la fougère continua à grandir et à se développer de tous les côtés, mais rien ne poussa des graines de bambou. La troisième année, toujours rien ne sortit des graines de bambou. La quatrième année, rien non plus. Lors de la cinquième année, une petite pousse de bambou sortit de la terre. En comparaison avec la fougère, elle était très petite et très fragile. La sixième année, le bambou grandit de plus de vingt mètres de haut d'un seul coup. Il avait passé cinq ans à fortifier ses racines. Le bambou et la fougère sont très différents et tous deux font de cette forêt un lieu magnifique. De même, chaque individu est unique et poursuit son chemin à son rythme. C'est pourquoi la comparaison n'a aucun sens. »

Auteur inconnu

À quoi sert cette croyance ?

> « N'abandonnez jamais votre droit à l'erreur, car vous perdriez la capacité d'apprendre des choses nouvelles et d'avancer dans la vie. »
>
> **David Burns**

Se sentir incapable n'est pas agréable et il est toujours curieux de chercher une utilité à quelque chose qui ne semble pas nous aider à nous rapprocher du bonheur. En hypnothérapie, découvrir l'intention positive de nos comportements, de nos croyances, de nos mécanismes (et même des plus farfelus) est pourtant un des principes de base.

■ Recevoir de l'attention

La raison qui semble la plus logique pour expliquer une telle croyance est qu'elle nous place en position de demander de l'aide. Si on n'est « pas capable de », alors on va pouvoir se faire aider, peut-être attirer l'attention, recevoir de l'affection, ou au moins un témoignage de sympathie. Mais les raisons les plus logiques ne sont pas forcément les plus répandues, ni les plus profondes.

■ Rester modeste

Le manque de confiance est aussi très utile pour se préserver du terrible risque de devenir prétentieux. En se considérant toujours comme en dessous, comme inférieur aux autres, on reste modeste et discret. Et c'est une valeur qui peut être pour nous suffisamment importante, pour justifier toute une vie de « Je ne suis pas capable de ». En France, la prétention est considérée comme un des pires défauts de la Terre. Là où ailleurs, il est de bon ton de parler de ses réussites, ici, c'est comme un sacrilège. Tout, sauf ça ! À tel point qu'on finit tout simplement par oublier nos succès et ne retenir que nos échecs, ce qui est une des meilleures stratégies existantes pour perdre complètement confiance en soi. Êtes-vous devenu un expert dans ce domaine ?

■ Se protéger de la jalousie

L'incapacité peut aussi servir à ne pas faire. « Je ne sais comment faire » alors je ne passe pas à l'action. Et une fois encore, la question à se poser est « Que se passerait-il si j'étais capable de le faire ? », « Quel est le danger dont je me protège en restant inactif ? » Car il y a toujours un avantage caché derrière une croyance, aussi négative soit-elle. Croire que je suis incapable de faire X me permet de ne pas faire X, et à quoi ça me sert, de ne pas faire X ? Car il s'agit de chercher l'utilité de l'inaction, c'est-à-dire chercher à qui profite le crime ? (Le crime, à l'intérieur de nous, vous me suivez, dites ?) En tuant notre capacité d'action, à quelle partie de nous ça fait plaisir ? Être inactif n'est pas un avantage en soi, mais ça peut le devenir si ça nous permet de préserver notre place dans la famille, de ne pas faire de jaloux, de ne pas faire de vagues et toutes sortes de considération du même genre. Ça vous parle ?

■ Continuer à progresser

Un des gros avantages du manque de confiance en soi est de continuer à se remettre en question. Quelqu'un qui est totalement sûr de lui avance mais ne progresse plus. Car, comme le dit Richard Bandler : « À chaque fois que vous vous sentez absolument sûr de quelque chose, c'est le signe certain que quelque chose vous a échappé. » C'est en tout cas une croyance qu'on peut avoir et qui maintient solidement le manque de confiance en place, histoire de ne pas passer à côté de l'essentiel, sait-on jamais. Et si c'était en se privant de cette confiance naturelle qu'on passait à côté de l'essentiel justement ? Et s'il était possible de se positionner non pas en dessous, ni au-dessus des autres, mais à notre juste place, celle qui nous correspond et qui est en adéquation avec nos compétences et capacités actuelles ? (Tout en sachant qu'elles continuent à se développer et à s'élargir à chaque instant.)

Comment s'en débarrasser ?

■ Par le langage

« Apprenez à échouer ou vous échouerez à apprendre. »

Tal Ben-Shahar

Nos aptitudes sont en constante évolution. Chaque instant qui passe est un apprentissage, un retour d'expérience qui nous donne des informations précieuses sur nous et sur le monde. Quand on se croit « incapable de », il serait plus juste d'y ajouter systématiquement le mot « encore » : « Je ne suis pas encore capable de faire cela. » À un enfant qui se décourage :

– Je n'y arrive pas ! Je suis incapable de faire des maths !

– Tu n'y arrives pas encore… tu n'es pas encore capable de réussir tous les exercices du premier coup.

Et comme souvent, ce qui fonctionne bien avec les enfants, marche aussi efficacement avec les adultes. Il est également intéressant de remplacer le mot « quand » par « dès que » qui induit que cela est possible (rapidement).

– Je ne suis pas capable de prendre une décision.

– Vous n'êtes pas encore capable de prendre de décision et dès que vous pourrez le faire, quelle est la première décision que vous prendrez ?

Testez la puissance des mots

Ajoutez le mot « encore » aux phrases suivantes et observez comment la sensation change à l'intérieur :

- Je ne suis pas capable de parler anglais.
  – Je ne suis pas encore capable de parler anglais.
- Je ne suis pas capable de dire non.
  – Je ne suis pas encore capable de dire non, et dès que je pourrais le faire, je dirai non à..
- Je ne suis pas capable de savoir ce que je veux.
  – Je ne suis pas encore capable de savoir ce que je veux, mais dès que je le saurai, je..
- Je ne suis pas capable de..
  – Je ne suis pas encore capable de..

■ En focalisant sur le positif

On nous apprend depuis le plus jeune âge à faire attention à nos erreurs. Sur les cahiers d'écolier, chaque faute est soulignée en rouge et comptabilisée. C'est le nombre d'erreurs qui détermine la note et non pas le nombre de bonnes réponses. Tout est fait pour qu'on n'accorde aucune valeur à nos réussites. Certains enseignants ont mis au point « la technique du stylo vert » qui est très utile, notamment lors de la correction des dictées. Cela consiste à entourer en vert toutes les bonnes réponses pour que le cerveau les enregistre, et à ignorer les mauvaises, parce que finalement, quand on y réfléchit, c'est quand même plus intéressant de se rappeler comment un mot s'écrit plutôt que de comment il ne s'écrit pas, non ?

Il est possible de faire la même chose dans notre vie d'adulte. Au lieu de focaliser sur nos échecs, et si on commençait à s'intéresser à nos réussites ? Il ne s'agit pas bien sûr d'inventer des réussites là où il n'y en a pas, comme peuvent le faire certains adeptes exaltés de la pensée positive, mais de commencer à estimer le positif comme étant au moins l'égal du négatif. En reconsidérant votre passé sous cet angle, vous pouvez déjà prendre conscience de toutes les réussites oubliées ou mises de côté qui peuvent maintenant prendre leur juste place dans votre histoire. Quand on pense « Je ne suis pas capable de », on se base sur une expérience du passé, alors en relisant le livre de votre vie à la lumière de vos succès, découvrez (ou redécouvrez) tout ce dont vous êtes déjà capable. Fort de ces résultats sur lesquels vous pouvez vous appuyer en toute confiance, il devient possible d'envisager plus sereinement de commencer de nouvelles expériences afin de générer de nouvelles capacités et d'augmenter vos savoir-faire.

■ En faisant confiance à votre inconscient

L'inconscient est considéré depuis Milton Erickson comme un réservoir de ressources, qui s'est rempli à chaque instant de notre vie avec toutes nos perceptions inconscientes et conscientes, et inconsciemment conscientes et consciemment inconscientes, et même inconsciemment inconscientes. Ce n'est pas très clair ? C'est normal, comment voulez-vous que votre conscient puisse concevoir ce qui est inconscient sans que cela devienne conscient, justement ? C'est tout le paradoxe de l'hypnose : comment expliquer consciemment ce que le conscient ne peut pas savoir ni comprendre ? « Vous savez plus que ce que vous savez que vous savez », disait Milton Erickson. Il avait la croyance que « chaque personne dispose de toutes les ressources dont elle a besoin », ce qui lui a permis d'aider efficacement des milliers de patients. Nous sommes loin des représentations de l'inconscient issues de la psychanalyse, dans lesquelles il est rempli de monstres effrayants et de pensées secrètes. Pour Milton Erickson et tous les hypnothérapeutes après lui, l'inconscient est notre meilleur ami, notre allié, notre force, notre richesse intérieure. En se connectant à soi, en se recentrant, on découvre les milliers de milliards de possibilités qui sont en nous et que nous pouvons utiliser à chaque instant.

Les 4 étapes de l'apprentissage

Avant de maîtriser quelque chose, il est tout à fait normal d'avoir l'impression de ne pas y arriver. On distingue 4 étapes[1] d'apprentissage :

1. D'abord, on est **inconsciemment incompétent** : on ne sait pas qu'on ne sait pas, puisqu'on ne sait même pas qu'il y a quelque chose à savoir. Prenons l'apprentissage de la conduite : enfant, on ne s'est tout simplement jamais posé la question de conduire.

2. Ensuite, on devient **consciemment incompétent** : on sait qu'on ne sait pas. On découvre, en prenant des cours, qu'on ne maîtrise pas le passage des vitesses, qu'on oublie de regarder dans le rétroviseur…

3. Puis on devient **consciemment compétent** : on a appris les bases de cet apprentissage et, avec beaucoup d'attention, on y arrive. On tient fermement le volant, les yeux écarquillés pour ne rater aucun panneau de signalisation.

4. À la dernière étape, on est enfin **inconsciemment compétent** : y arriver devient tellement naturel qu'on n'a plus d'effort conscient à fournir. C'est le signe que l'apprentissage est terminé. On conduit de manière automatique pendant que notre attention peut être occupée à autre chose.

1. C'est Martin M. Broadwell qui a conçu ce modèle en 1969, repris ensuite par Noel Burch dans les années 1970. Il est habituellement attribué à Abraham Maslow.

Ces quatre étapes se retrouvent dans tous les apprentissages : apprendre à écrire, à faire du vélo, à parler une langue étrangère… Si vous vous sentez nul ou incompétent dans un domaine, c'est simplement que vous êtes à l'étape 2, qui vous permettra bientôt d'atteindre la troisième, qui est juste avant la quatrième et dernière marche !

AUDIO

Le double idéal

▶ *https://www.pourallermieux.com/4croyances*

Vous pouvez commencer par lire le texte ci-dessous, puis ensuite écouter cette séance audio ou vous pouvez l'écouter directement en flashant le QR code ou en recopiant le lien dans votre navigateur internet pour être accompagné tout au long de cette expérience enrichissante.

À VOUS !

Le double idéal[1]

Cet exercice vous permet de créer un état d'esprit positif grâce à votre capacité de visualisation et d'imagination. En harmonisant vos images internes et votre ressenti, vous pourrez mettre au point une croyance plus positive sur vos capacités et à la rendre accessible à n'importe quel moment à l'aide d'un geste activateur.

Notez en termes de pourcentage à combien vous vous sentez compétent dans une situation précise où vous aimeriez vous sentir plus à l'aise :

Exemple : Par rapport à ma présentation de la semaine prochaine, je me sens confiant à 45 %.

Pour...,
je me sens confiant à.. %

Avant de commencer, prenez quelques instants pour vous souvenir d'un moment dans votre vie où vous vous êtes senti particulièrement compétent. Il peut s'agir d'un souvenir d'enfance ou d'un évènement de la semaine dernière, il n'est pas nécessaire qu'il ait un rapport quelconque avec la situation dont il s'agit aujourd'hui. Par exemple : la pièce de théâtre que vous avez jouée à la fin de votre année de 6e au moment des applaudissements.

Construction du modèle

Placez-vous debout, les pieds bien ancrés au sol, fermez les yeux ou gardez-les ouverts selon ce qui vous est le plus confortable.

1. D'après Paul McKenna.

Commencez à imaginer un double de vous-même, qui a confiance en ses capacités, et qui se tient debout devant vous. Prenez le temps d'imaginer clairement comment vous seriez si vous vous sentiez plus à l'aise avec vous-même... Comment serait votre posture ? Comment serait l'expression de votre visage ? Qu'est-ce qui émanerait de vous ? Ajustez votre posture, vos épaules, votre tête pour copier la position de votre double, comme si vous vous regardiez dans un miroir... Très bien...

Maintenant, sautez dans votre double comme si vous pouviez entrer à l'intérieur de son corps. Ça y est, vous y êtes ! Ressentez comme c'est agréable de voir les choses de ce point de vue, d'entendre ce que vous pouvez vous dire à l'intérieur sur vous-même, et ressentez comme c'est confortable au niveau de vos sensations intérieures. Puis imaginez en face de vous un autre double qui a encore plus confiance en ses compétences, en ses savoir-faire et en sa capacité à les développer... Observez son regard brillant, son sourire peut-être, tous les détails extérieurs qui révèlent son état intérieur d'assurance et d'affirmation. Et après l'avoir bien observé et imité, sautez dans votre double, regardez à travers ses yeux, écoutez par ses oreilles, et ressentez maintenant la confiance dans tout votre corps... Profitez de ces sensations, de cette respiration particulièrement agréable qui est la vôtre.

Ancrage de confiance

Maintenant, rappelez-vous de ce moment où vous vous êtes senti extrêmement compétent, souvenez-vous en comme si vous y étiez de nouveau. Et tandis que vous continuez à entrer dans ce souvenir, vous pouvez percevoir ce qu'il y a autour de vous en revoyant les images de ces instants particuliers, et en étant complètement associé à ce moment-là, vous pouvez entendre les sons ou les paroles que vous percevez et vous pouvez ressentir à quel point vous vous sentez compétent, et même peut-être que vous pouvez ressentir cette sensation agréable à un endroit particulier de votre corps, ou bien comme si ça circulait partout en vous et tout autour de vous…

Quand vous y êtes, appuyez votre index droit sur votre pouce droit pendant 10 secondes pour ancrer dans votre corps cette sensation de vos compétences.

Généralisation

Maintenant, prenez cette sensation dynamisante et projetez-la dans la situation dans laquelle vous en avez besoin. Regardez-vous agir et réagir de manière adaptée aux éventuelles difficultés que vous pourriez rencontrer. Écoutez ce que vous pouvez voir, regardez ce que vous pouvez entendre et remarquez comme c'est agréable de sentir cette confiance naturelle à l'intérieur de vous !… Vos capacités peuvent se développer, votre potentiel se libérer de manière à vous permettre de réaliser sereinement et pleinement vos objectifs.

Maintenant, ouvrez les yeux et notez en termes de pourcentage à combien vous vous sentez compétent par rapport à la situation de départ :

Je me sens confiant à………. %.

Vous pouvez refaire cet exercice aussi souvent que vous le voulez à chaque fois que vous avez un RDV important ou simplement quand vous avez envie de vous sentir en contact avec votre merveilleux potentiel. Vous pouvez également utiliser l'ancrage que vous venez d'installer en serrant votre index contre votre pouce à chaque fois que vous avez besoin de ressentir ce sentiment de confiance en vous.

Trois exemples pour mieux comprendre

Les trois séances qui suivent illustrent différentes techniques de recadrage. En utilisant uniquement les mots employés par la personne, je les lui renvoie comme dans un miroir pour qu'elle puisse prendre elle-même conscience de sa croyance. Certaines questions sont volontairement provocatrices pour créer un léger électrochoc qui permet de faire vaciller les certitudes limitantes du passé et laisser la place à de nouveaux horizons jusque-là inexplorés.

■ Sylvie, 48 ans : « Je ne suis pas capable de m'arrêter de manger du sucre. »

Depuis quelque temps, Sylvie est devenue addicte au sucre. Quand elle commence un paquet de gâteaux, elle se sent incapable de s'arrêter. Elle tente toutes sortes de stratégies d'évitement pour ne pas être confrontée à cette problématique : ne plus acheter l'aliment tentateur, le cacher quelque part, envoyer son mari faire les courses… Rien ne marche. C'est plus fort qu'elle. Et son mari ne l'aide pas. Alors qu'elle venait de lutter avec elle-même pendant 10 minutes pour ne pas se resservir et qu'elle avait fini par y arriver, il lui dit : « Allez, reprends du dessert, tu peux bien te faire plaisir de temps de temps ! » Et à ce moment-là, elle se sent obligée d'en reprendre. Elle sait qu'elle n'a pas faim. Elle sait qu'elle n'en a même pas envie. Mais elle se ressert. Jusqu'à finir tout le plat.

— *Qu'est-ce qui vous empêche de lui dire non ?*

— *Ce ne serait pas gentil…*

— *Et c'est gentil de vous encourager à manger alors qu'il sait que vous voulez maigrir ?*

— Oui, je sais… Mais je veux lui faire plaisir…

— Ah, et il est content quand vous mangez ?… Ça le rendrait vraiment malheureux que vous ne finissiez pas le plat ?

— Non… Bien sûr que non !… Ma mère m'a répété pendant toute mon enfance « Mange, allez, pour me faire plaisir », « Si tu ne manges pas, t'es pas gentille ». Et encore aujourd'hui, quand je vais la voir, elle prépare des tonnes de choses, et si je lui dis que je suis au régime, elle répond : « Mange, je l'ai fait exprès pour toi ! »

— Alors, ce n'est pas que vous êtes incapable de vous arrêter de manger, c'est plutôt que vous avez la croyance que « si vous ne mangez pas, vous n'êtes pas gentille » ?

— Oui, c'est ça…

— Et si vous n'êtes pas gentille, qu'est-ce qui se passe ?

— Si je ne suis pas gentille… Je ne suis pas aimée…

— Donc… si vous mangez, vous êtes aimée, c'est ça ?

— … Oui, ça paraît un peu ridicule, dit comme ça… (Elle rit.)

— Si vous mangez, votre mère vous aime… Si vous mangez, votre mari vous aime…

— Avec ma mère, c'est vraiment horrible et comme je suis incapable de lui dire non, du coup, je ne vais plus la voir… Je suis tellement faible…

— Non, vous n'êtes pas faible, vous voulez avec beaucoup de force être gentille.

— Oui, c'est vrai !…

— Croyez-vous que manger rend gentil ?

— Non, mais… Quand même… Je ne sais pas… Je suis confuse…

— Il y a plein de façons d'être gentille… Savez-vous qu'il y a beaucoup de personnes grosses qui ne sont pas du tout aimables ? Qu'il y a beaucoup de personnes minces qui sont très gentilles ?…

— C'est vrai !… Maintenant que vous le dites, ça me paraît évident !… (Un temps) Mais ce serait égoïste, quand même, de ne pas manger ce que ma mère a préparé !

— Et elle, elle n'est pas égoïste de ne pas tenir compte de votre régime ? Et pourtant, vous l'aimez quand même, non ?…

— … Je ne peux pas penser que ma mère est égoïste, elle s'est sacrifiée pour ses enfants, elle est restée avec mon père pour nous et ce n'était pas une vie facile, alors je lui dois bien ça…

— Si votre mère est restée, c'est sa décision, pas la vôtre. Et quand vous mangez un gâteau, c'est votre décision, pas celle de votre mère. Voulez-vous continuer à payer pour une décision que vous n'avez pas prise ?

— Une décision que je n'ai pas prise ?… Oui, c'était son choix… Ça me fait réfléchir, tout ça…

— Pensez-vous être responsable de son bonheur ?… Pensez-vous que c'est votre rôle ?

— Non…

— Pensez-vous que son bonheur dépend de ce que vous mangez ?

— Non, bien sûr que non.

Suite à cette prise de conscience et à quelques autres séances, Sylvie a pu trouver d'autres moyens d'exprimer sa gentillesse. Finir la boîte de gâteaux n'était plus « une obligation » mais une décision qu'elle pouvait prendre ou non, en toute connaissance de cause, ce qui a eu également des répercussions sur d'autres domaines de sa vie.

■ Hélène, 34 ans : « Je suis incapable de m'engager. »

Hélène vient me consulter pour un « problème d'engagement ». Dès que les choses deviennent sérieuses dans une relation avec un homme, elle se débrouille pour tout faire capoter. Et comme ce processus s'est déjà répété plusieurs fois, elle en est venue à la conclusion qu'il y a quelque chose qui ne va pas chez elle à ce niveau-là.

— Qu'est-ce qui se passerait si vous pouviez vous engager ?

— Je serais en couple… de façon durable.

— Et qu'est-ce qui pourrait se passer, si vous étiez en couple de façon durable ?

— Je ne sais pas… Ça m'angoisse… et en même temps, ça me fait envie… Je me dis que peut-être, je ne serai pas capable de rendre mon compagnon heureux.

— Et qu'est-ce qui vous fait dire ça ?

— C'est mon père qui me l'a dit : « Toi, avec ton caractère, tu ne pourras jamais rendre un homme heureux ! »

— Et qu'est-ce qu'il en sait, votre père ? Est-ce que vous êtes en relation avec lui comme si vous étiez en couple ensemble ? Est-ce que vous faites avec lui, ce que vous faites avec un homme dans une relation amoureuse ?

— Non, bien sûr que non !

— Alors, comment peut-il savoir si vous pouvez rendre un homme heureux ou non ?

— Il ne peut pas…

— Ah… Et lui, est-ce qu'il a rendu votre mère heureuse ?

— Non, il est parti et l'a rendue plutôt très malheureuse…

— Et les autres femmes de sa vie, est-ce qu'il les a rendues heureuses ?

— Non... Je ne crois pas...

— Alors comment peut-il juger de ce que veut dire « rendre son conjoint heureux » s'il n'y est jamais arrivé lui-même ?...

— En effet...

— Et d'ailleurs qui a dit que le rôle d'un homme ou d'une femme était de rendre son partenaire heureux ? Ça sort d'où, ça ?...

— Je ne sais pas... En tout cas, je choisis toujours des hommes malheureux, et ensuite je m'efforce de les rendre heureux, mais je n'y arrive pas. Et je me dis que mon père avait raison.

— C'est bien. Vous êtes une fille obéissante : ne surtout pas montrer à papa qu'il a tort.

— C'est ça... ! (Elle rigole)

— Et les hommes avec qui vous êtes, ils ne cherchent pas à vous rendre heureuse ?

— Je ne sais pas, j'étais tellement préoccupée à essayer de les rendre heureux que je n'ai pas fait attention.

— Alors, vous essayez de les rendre heureux, et ensuite, qu'est-ce qui se passe ?

— Eh bien, je les quitte ou je me débrouille pour qu'ils me quittent et je me dis que j'ai échoué.

— Et si vous commenciez à chercher un homme qui pourrait vous rendre heureuse, qu'est-ce que ça donnerait ?

— Un homme qui serait déjà heureux, vous voulez dire ?

— Oui, ou qui ne compterait pas sur vous pour ça...

— Et à quoi je lui servirai alors ?

— Je ne sais pas… Est-ce qu'on doit forcément servir à quelque chose dans un couple ?

— Quand j'imagine un homme comme ça… Une relation sans enjeu de réussite… Je sens que ça se détend à l'intérieur… C'est beaucoup plus apaisé…

— Et quand c'est plus apaisé, comme ça, qu'est-ce qu'il se passe pour « l'engagement » ?

— Ça devient possible… Je m'en sens capable…

■ Sonia, 42 ans : « Je ne suis pas capable d'écrire. »

Sonia est une femme intelligente et vive. Elle voudrait écrire comme elle le faisait étant jeune. Mais elle s'en sent aujourd'hui complètement incapable. Elle n'a jamais le temps de s'y mettre et quand elle y arrive, elle reste devant une feuille blanche et se désespère. Elle avait mis sa passion de côté pour se consacrer à ses enfants, mais aujourd'hui qu'ils sont grands, elle ne comprend pas ce qui la bloque.

— J'ai tout essayé, je n'y arrive pas ! J'ai la tête vide ! Et pourtant, j'ai plein d'idées, mais dès qu'il s'agit de les mettre sur le papier, c'est impossible.

— Qu'est-ce qui pourrait se passer si vous y arriviez ?

— Je serais épanouie… J'aurais l'impression de donner un sens à ma vie ! C'est très important pour moi, je ne veux pas mourir avant d'avoir écrit.

— Alors si vous écrivez, vous pouvez mourir ?

— … Oui.

— Est-ce que ça veut dire que si vous écrivez, vous mourrez ?

— … C'est curieux ce que vous dites… parce que ma mère est morte alors qu'elle se réalisait dans son travail, elle rencontrait beaucoup de succès et nous étions encore jeunes…

— Peut-être qu'une association a été faite dans votre cerveau entre « se réaliser » et « mourir » ?

— Oui, ça résonne en moi quand vous dites ça…

— Quand un évènement comme celui-là se produit, on essaie toujours de lui donner un sens, et aussi de se protéger pour que cette souffrance n'arrive plus jamais.

— Alors ça veut dire, qu'en n'arrivant pas à écrire, je ne me réalise pas, et donc je me protège… J'avorte tous mes projets les uns après les autres…

— Vous les faites mourir pour ne pas mourir ?

— Je veux protéger ma famille, mes enfants…

— Vous savez, la plupart des gens meurent sans s'être épanouis.

— C'est juste…

— Le fait de ne pas s'épanouir ne protège pas de la mort.

— En effet… Je n'avais jamais vu les choses sous cet angle…

— Ça rend seulement la vie moins agréable…

— Je sens comme un clou dans ma tête qui est là depuis longtemps et il commence à bouger… Je voudrais l'enlever pour me libérer…

— Quel genre de clou est-ce ?

— En fer, dur, gris…

— En quelle matière aimeriez-vous le mettre pour qu'il soit plus doux ?

— … Je sens qu'il commence à se dissoudre doucement… Comme s'il devenait effervescent… Voilà, il est en train de partir…

— Avez-vous envie de le remplacer par quelque chose ?…

— De la sérénité… De la douceur… Je rebouche d'abord à l'intérieur (elle met sa main sur sa tempe) et puis à l'extérieur… ça se cicatrise… C'est doux, c'est chaud… C'est marrant, je ne sais pas pourquoi je vois mes enfants qui sourient…

— N'est-ce pas un bel exemple à leur donner que de pouvoir se réaliser en restant vivant ?… Parce que se réaliser permet d'être encore plus vivant, non ?

— Oui, complètement !

Quelques semaines plus tard, je reçois ce message : « J'écris. Et j'aime les mots qui naissent de moi. J'aime les lettres qui se dessinent. J'aime le courage de serrer mon crayon de nouveau. Il reste du chemin pour ranger les béquilles. Mais depuis notre séance, mon stylo glisse à la vitesse supérieure. Mes mots ont remplacé mes maux. »

■ À votre tour !

Une croyance est souvent une association de deux phrases qui n'ont en réalité aucun rapport. Tout ce qui peut contribuer à prendre conscience de cette incohérence permet de ramollir la croyance, et de la faire ensuite disparaître. Les contre-exemples prouvent que cette association n'est pas toujours vraie, donc qu'elle peut être potentiellement fausse. On sort la phrase de son cadre, de son contexte pour lui donner un autre sens, un autre contenu. C'est une forme de recadrage.

« Je mange du sucré » = « Je suis gentille »

- Est-ce que toutes les personnes gentilles mangent du sucré ?

• Est-ce que tous ceux qui mangent du sucré sont gentils ?

Contre-exemple : mon mari mange du sucré et il n'est pas gentil !

« Je suis une femme » = « Je dois rendre un homme heureux »

- Est-ce que toutes les femmes rendent les hommes heureux ?
- Est-ce que les hommes rendent les femmes heureuses ?
- Qu'est-ce que fait une femme une fois que l'homme est heureux, elle devient un homme (puisqu'elle n'est plus une femme) ?
- Comment mesurez-vous le degré de bonheur atteint par votre conjoint grâce à vous ?

Contre-exemple : ma cousine ne cherche pas à rendre son mari heureux et ils sont en couple depuis vingt ans.

« Je me réalise » = « Je meurs »

- Est-ce que tous les gens qui se réalisent, meurent ?
- Est-ce que tous les gens qui se sont morts se sont réalisés ?

Contre-exemple : mes grands-parents sont morts sans se réaliser.

Notez ici une de vos croyances limitantes sous la forme « .... » = « .... »

....

Écrivez les questions qui permettent de mettre en doute cette association et trouvez des contre-exemples.

- .... ?
- .... ?
- .... ?

Contre-exemples ....

Pour aller encore plus loin, vous pouvez dès maintenant commencer à réfléchir à cette question : « Et si vous étiez capable de beaucoup plus que ce que vous pouvez imaginer, que feriez-vous ? Maintenant, demain, dans un an, dans dix ans ?… »

Croyance n° 3 - je ne le mérite pas

Cette croyance est en rapport avec l'idée qu'on se fait de notre valeur personnelle. L'objectif est réalisable, je suis capable de l'obtenir mais je n'en suis pas digne, je n'y ai pas droit, « je ne le mérite pas », comme s'il y avait quelque chose de fondamentalement mauvais chez moi.

Cette croyance s'accompagne donc d'un sentiment de dévalorisation. Un jugement négatif sur notre valeur globale qui ne tient en général pas compte ni des réussites, ni des accomplissements qui sont les nôtres. Cette croyance peut être renforcée par le syndrome de l'imposteur qui identifie immédiatement chaque succès comme une escroquerie. « Rien ne peut contredire l'absence de valeur qui est la mienne. » Même les faits les plus objectifs ne sont pas pris en considération, comme dans le cas de Nathalie, chef de projet dans une société de production de cinéma :

> « Presque tous les malheurs de la vie viennent des fausses idées que nous avons sur ce qui nous arrive. »
>
> **Pascal**

– Vous occupez un poste important, vous avez été recrutée pour cela. Les personnes qui vous ont choisie ont été séduites par vos compétences, vos qualités, votre savoir-faire, sinon ils auraient pris quelqu'un d'autre, non ?

– Ils se sont trompés, je n'ai aucune compétence, c'est un leurre, une imposture, je leur ai fait croire que je méritais ce poste, mais au fond de moi, je sais bien que ce n'est pas vrai.

– Et vous trouvez ça logique que depuis trois ans que vous êtes là, personne ne s'en soit rendu compte ?

– Ça ne va pas tarder… J'y vais tous les jours la peur au ventre…

– Et comment savez-vous que les autres méritent plus leur poste que vous ?

– … Ça se voit.

– Peut-être que c'est aussi ce que les autres disent de vous, non ?

Tout ce qui va à l'encontre de la croyance « Je ne le mérite pas » est écarté, exclu, rejeté. Que ce soit des compliments, des promotions, des récompenses, des retours de clients, rien ne fait le poids par rapport à la croyance initiale. C'est bien là qu'on voit qu'il s'agit d'une croyance d'ailleurs et non pas d'un jugement objectif (mais existe-t-il des jugements objectifs ?), puisqu'une partie de la réalité est tout simplement ignorée.

Aux origines du syndrome de l'imposteur

Ce terme a été inventé par les psychologues Pauline Rose Clance et Suzanne A. Imes en 1978. Elles ont ensuite regretté le mot « syndrome » qui évoque l'idée d'une maladie (or, ce n'en est pas une) et préfèrent aujourd'hui l'idée d'« expérience » à laquelle il arrive d'être confronté.

Celui qui est atteint de ce syndrome a l'impression de ne pas mériter sa place, particulièrement au travail. Il pense qu'un jour, il sera démasqué, et qu'alors, son incapacité sera révélée aux yeux du monde. Ça peut notamment être le cas de surdoués qui réussissent très facilement (trop facilement selon eux) et sont donc convaincus de ne pas mériter l'attention, l'admiration, le salaire ou les récompenses qui leur sont donnés.

Vous avez de grandes chances de souffrir du syndrome de l'imposteur si :

– vous avez des difficultés à accepter les compliments.

– vous attribuez vos réussites à des causes extérieures.

– vous avez (toujours) l'impression de ne pas être à la hauteur.

– vous craignez d'être démasqué.

Ce sentiment d'imposture peut encourager deux sortes d'attitudes :

– en faire toujours plus : un investissement trop grand par rapport à la tâche demandée, mais qui paraît indispensable pour compenser le (prétendu) manque de compétences, attitude qui peut mener au burn-out ;

– en faire un peu moins : un sous-investissement qui permet, en cas de succès, d'avoir de bonnes raisons de continuer à penser qu'on ne le mérite pas.

Il arrive que les personnes qui ont cette croyance comprennent que ce n'est pas rationnel de leur part. Mais c'est comme si les mots restaient abstraits, comme si quelque chose les empêchait de vraiment croire que c'est vrai. « Je comprends quand vous pointez les preuves qui montrent que j'ai de la valeur dans le cadre de mon travail, me répond Nathalie. Ça me paraît logique, mais les mots passent dans ma tête et ne s'accrochent pas. Je n'arrive tout simplement pas à y croire. »

Comment est née cette croyance ?

Quand on pense ne pas mériter quelque chose, cela sous-entend que d'autres peuvent le mériter. C'est toujours en rapport avec un autre ou des autres que ce jugement négatif se met au point, comme tous les jugements d'ailleurs. Il y a forcément une notion de comparaison qui implique qu'on est en dessous et les autres au-dessus, ce qui donne naturellement ce sentiment de ne pas être à la hauteur (des autres, de l'attente des autres, des capacités des autres...). Ce qui caractérise ce jugement négatif, c'est l'absence totale de questionnement sur la validité de ce point de comparaison :

– Pourquoi les autres mériteraient-ils plus que moi ?

– Pourquoi devrais-je être à leur hauteur et non pas eux à la mienne ?

– Qui a établi ce critère d'évaluation ?

– Et comment se fait-il que j'y adhère sans me poser de question ?...

Les besoins d'un enfant sont immenses et il y a toujours un moment (ou plutôt des milliers de moments) où ils ne sont pas pris en considération. C'est alors qu'on commence à se dire « Je ne mérite pas qu'on s'intéresse à moi, je n'ai pas de valeur ». À chaque fois que Julie entend la phrase « Ta liberté s'arrête là où commence celle des autres », elle se met en colère. Sa mère lui a répété cette maxime pendant toute son enfance. Elle s'en est servi pour mettre des freins à la liberté de Julie, en lui intimant de prendre en considération sa liberté, à elle. Par contre, la phrase n'était pas appliquée dans l'autre sens. La liberté de sa mère ne s'arrêtait jamais où commençait celle de Julie, comme si elle avait moins de valeur qu'elle. « Ce qui est valable pour moi ne l'est pas pour toi, tu ne le mérites pas » aurait pu être le sous-texte de ce qui semblait pourtant être un principe d'éducation. Le manque d'attention, le manque de considération contribue à créer cette croyance.

Les enfants cherchent toujours à donner raison à leurs parents : « Si l'on ne s'occupe pas de moi, c'est que je ne le mérite pas, c'est que je n'en vaux pas la peine. » À aucun moment, l'enfant remet en question l'attitude de l'adulte ; à aucun moment, il se dit que cet adulte est peut-être limité dans ses perceptions… peut-être qu'il n'est tout simplement pas capable de comprendre les besoins de son enfant ou même de les remarquer. Non, l'enfant rejette toujours la faute sur lui, si l'adulte ne fait pas ce dont il a besoin, c'est sûrement qu'il ne le mérite pas, lui.

On voit bien avec cette croyance à quel point il est nécessaire de faire des mises à jour. Ce qui était la seule explication possible à une certaine époque, car on ne disposait pas des informations nécessaires pour en concevoir une autre, peut être aujourd'hui remis en question : « Peut-être que mes parents étaient tout simplement trop pris par leurs propres problèmes pour s'occuper des miens ? Leur attitude n'a aucun rapport avec ma valeur personnelle. »

« Mes parents ne m'accordaient aucune attention, explique Isabelle. Ils étaient totalement préoccupés par leur restaurant, absents tous les soirs et même le week-end. Nous, les enfants, on comptait pour du beurre. C'était eux et leur carrière professionnelle, et c'est tout. Aujourd'hui, j'ai beaucoup de mal à m'occuper de moi, car j'ai l'impression que je n'ai aucune valeur. » En donnant la parole aux parents d'Isabelle, on découvre une tout autre version des faits. C'est justement pour leurs enfants et pour leur assurer un avenir paisible qu'ils se sont autant tués à la tâche. C'est parce que leurs enfants comptaient autant à leurs yeux qu'ils se sont donné tout ce mal. Ce décalage entre les besoins ressentis d'un côté et les réponses (inadaptées) apportées de l'autre est ensuite identifié (à tort) comme l'expression de la fameuse et bien connue « ingratitude des enfants ».

À quoi sert cette croyance ?

■ Se protéger

La notion de place est quelque chose de fondamental. Durant toute son existence, l'être humain cherche sa place. Il peut passer du temps à la trouver, avoir l'impression de ne pas y être ou de ne pas avoir le droit de l'occuper, ou même de ne pas en avoir. Un changement de croyance est bénéfique quand il permet à la personne de se sentir à sa place et de s'y sentir bien. Quand on pense « ne pas mériter », c'est une façon de rester en retrait, derrière, caché. C'est une sorte de protection qui permet de ne pas s'exposer ni regard, ni au jugement des autres. Comme je ne mérite pas cela, je n'y vais pas, je reste à la place qu'on m'a donnée (même si ce n'est pas vraiment la mienne). C'est une façon de rester fidèle à ce qu'on croit être notre rôle.

« Dans ma famille, explique Marc, mon grand frère est écrivain, ma petite sœur est comédienne, et moi, je suis celui qui a le contact humain facile, qui est un bon vendeur, qui sait tchatcher, qui sait faire de l'argent rapidement. Mais ça ne m'intéresse pas. Je voudrais une activité qui me nourrisse intellectuellement, qui me permette d'exprimer mon originalité, quelque chose d'artistique… Mais ce n'est pas la place qu'on m'a donnée. Je n'y ai pas droit. » En restant fidèle à cette répartition, Marc pense respecter sa famille, sa lignée, et s'il s'en éloigne, s'il se révolte, il a peur de perdre l'amour des siens. Ce serait risquer de se

lancer dans l'inconnu, tout seul. Et peut-être de découvrir enfin qui il est, en trouvant sa véritable place. Et vous, savez-vous quelle est la vôtre ?...

■ Donner du sens

Le mot mérite vient du latin meritum qui signifie « récompense ». C'est donc suite à des difficultés, à un effort fourni, à l'utilisation de certaines qualités que l'on mérite ou non les choses. Quand on pense ne pas mériter quelque chose, c'est comme si on se pliait à un ordre supérieur et on présuppose que tout a une explication logique : « C'est comme ça parce que je ne le mérite pas. » C'est toujours tranquillisant de justifier les choses et de donner du sens à notre monde. Même si avoir le sentiment qu'on ne mérite pas est une sensation désagréable, cela nous permet de poser une explication sur ce que l'on vit et c'est particulièrement rassurant. Les choses ont une raison d'être, il y a une justice dans le monde (ouf !). Mais vous êtes-vous déjà demandé qui détermine la répartition entre ceux qui méritent et ceux qui ne méritent pas ? Qui est ce juge suprême qui donne cette récompense ultime ? De quel droit exerce-t-il son pouvoir ? En fonction de quel critère ? Et d'ailleurs, mérite-t-il sa place ? Ou est-il un imposteur qui a peur qu'on le découvre (lui aussi) ? Si ce jugement souverain n'a plus lieu d'être, quelle liberté cela pourrait-il vous donner ? Et je me demande où vous pourriez commencer à ressentir cette bouffée d'air qui libère chacune des parties de votre être ?...

■ Rétablir l'équilibre

« Ne pas mériter » peut aussi être associé à un sentiment de culpabilité. Je ne mérite pas ce que j'ai, donc je dois continuer à souffrir pour compenser. C'était trop facile, je n'ai pas eu d'effort

à faire, donc je dois être puni pour que ce soit juste. Comme une sorte de rééquilibrage général entre tous les êtres humains : « Pourquoi les autres n'auraient-ils pas autant que moi ? J'ai eu de la chance, mais je souffre, alors ça va, ça contrebalance. Tout est en ordre. » (Ah bon, vous êtes sûr ?)

Comment s'en débarrasser ?

Carnet de réussite

Voici un exercice qui vous aidera à reconnaître votre valeur, ou au moins à commencer à vous apercevoir qu'il serait possible d'envisager de la prendre en considération. Sur votre carnet de réussite, vous inscrivez tous les jours (par exemple le soir au coucher), les trois réussites de la journée qui vous ont apporté le plus de satisfaction et les qualités qui vont avec. Trois par jour, cela vous paraît impossible, inimaginable, irréalisable ? C'est normal ! Sinon, vous n'auriez pas besoin de faire cet exercice !

Il s'agit de prêter attention à tous ces petits succès qui passent la plupart du temps inaperçus. Ces petites victoires quotidiennes que vous remportez sans même le savoir. À pratiquer pendant la première semaine de chaque mois pendant trois mois et à renouveler si nécessaire. Les effets secondaires sont purement bénéfiques, même en cas de surdosage. Pour en amplifier encore davantage les bienfaits, pensez à relire votre carnet dès que l'occasion se présente.

Exemples :

1. Aujourd'hui, j'ai vidé les poubelles parce que je suis courageux et qu'on peut compter sur moi.

2. Aujourd'hui, j'ai dit non à ma collègue qui voulait me refiler son travail, parce que je suis (de plus en plus) capable de respecter mes priorités.

3. Aujourd'hui, j'ai joué avec mon fils avec beaucoup de plaisir, parce que je suis un parent attentif et affectueux.

À votre tour !

1. Aujourd'hui, j'ai ....

Parce que je suis ....

2. Aujourd'hui, j'ai ....

Parce que je suis ....

3. Aujourd'hui, j'ai ....

Parce que je suis ....

Les empreintes digitales

Chaque être humain a des empreintes digitales spécifiques et on peut imaginer que c'est le cas depuis le début de l'humanité. Même si on a beaucoup de points communs avec les autres membres de notre espèce, nous possédons tous cette caractéristique complètement unique. Et c'est dans la spécificité que se trouve notre valeur intrinsèque. De la même façon que cela n'aurait aucun sens de comparer une empreinte digitale avec une autre (il n'y en a pas une plus belle ou plus intéressante qu'une autre, n'est-ce pas ?), cela n'a aucun sens de se comparer aux autres êtres humains.

Le jugement qui prend racine dans la comparaison ne tient donc pas debout. Et le classement qui en découle et qui indique ce qui est mieux ou moins bien, inférieur ou supérieur, ne peut en aucun cas s'appliquer à des êtres humains. D'ailleurs, je suis sûre qu'en y réfléchissant, vous vous apercevez bien que c'est totalement absurde. La dernière guerre mondiale nous a montré ce à quoi cette hiérarchie entre les êtres humains pouvait aboutir et j'imagine que vous n'êtes pas tout à fait d'accord pour valider le point de vue d'Hitler, si ?... Si vous continuez à vous sentir inférieur à qui que ce soit, c'est comme si vous vous appliquiez scrupuleusement à pérenniser sa vision de l'humanité. Ça devient donc une urgence planétaire que vous vous débarrassiez dès maintenant-tout de suite de cette idée d'infériorité à qui que ce soit (et de supériorité aussi, par la même occasion). Si vous ne le faites pas pour vous, faites-le pour sauver le monde, il vous en sera reconnaissant, croyez-moi.

AUDIO

Le nouveau-né

https://www.pourallermieux.com/4croyances

Vous pouvez commencer par lire le texte ci-dessous, puis ensuite écouter cette séance audio ou vous pouvez l'écouter directement en flashant le QR code ou en recopiant le lien dans votre navigateur internet pour profiter pleinement de cette séance d'hypnose.

À VOUS !

Le nouveau-né

Vous êtes-vous déjà demandé à quoi se mesure la valeur d'une personne ? Je vous propose une expérience qui vous permettra de rentrer en contact avec votre valeur personnelle.

Pour commencer, installez-vous confortablement quelque part pour mieux profiter de ces quelques instants de calme que vous vous accordez à vous-même. Vous pouvez sentir le contact de votre corps là où il se trouve et laisser les bruits extérieurs devenir de plus en plus lointains ou de plus en plus flous tandis que vous créez pour vous-même votre propre espace de confort en toute sécurité… Il est possible de remarquer que votre respiration devient naturellement plus lente et plus profonde. Elle adopte progressivement son propre rythme qui apporte à chaque partie de votre corps ce dont il a besoin pour favoriser ce moment de connexion à soi…

Rappelez-vous la dernière fois où vous avez tenu un nouveau-né dans vos bras… Ou imaginez simplement que vous tenez actuellement un bébé qui vient juste de naître tout contre vous… Prenez quelques instants pour vous plonger dans l'expérience en faisant comme si vous y étiez… Maintenant, demandez-vous quelle est la valeur de cet être qui vient d'arriver ? Il n'a encore rien accompli… Il n'a encore fait preuve d'aucune qualité particulière… Quelle est sa valeur à vos yeux ? Quelle est son importance ? Prenez quelques instants pour ressentir profondément les réponses à ces questions…

Gardez cette sensation à l'intérieur de vous et imaginez maintenant que vous prenez un autre nouveau-né dans vos bras : vous-même… Vous pouvez aujourd'hui être un excellent parent pour ce petit bébé... Vous pouvez lui dire qu'il a beaucoup de valeur et qu'il est important pour vous et que vous allez prendre soin de lui... Prenez tout le temps du monde pour lui permettre de sentir intensément à quel point il est important, à quel point il a de la valeur...

Et maintenant, vous pouvez imaginer que vous êtes ce petit bébé qui est tenu dans les bras de ce parent aimant et qui reçoit cette perception de sa valeur spécifique et son importance, et de l'importance de sa valeur et de la valeur de son importance... Et vous pouvez sentir tout cela naturellement s'intégrer en vous tandis que cette sensation s'installe profondément et légitimement à l'intérieur...

Et maintenant, vous grandissez en gardant en vous cette sensation de votre valeur intrinsèque et unique, et tandis que vous laissez cette sensation s'épanouir à l'intérieur de vous, votre inconscient effectue les mises à jour nécessaires des différents évènements, des différents mécanismes de pensées... Toutes les choses se mettent à leur place et à leur juste place... Dans une cohérence intérieure profonde et bénéfique qui permet un alignement intérieur apaisant et ressourçant...

Vous pouvez imaginer tout ce qui va être différent dans votre quotidien à partir de maintenant, dans différents contextes et différents environnements... tous les comportements et les façons de réagir et d'interagir avec les autres... et avec vous-même... qui permettent à vos capacités de se développer et à votre potentiel de se libérer naturellement... Et vous pouvez déjà voir et percevoir tout ce que cette sensation de votre valeur personnelle permet et autorise dans différents domaines de votre vie... tous les bénéfices, les améliorations, les conséquences positives de cette prise de conscience inconsciente... et vous pouvez déjà vous voir agir, observer votre posture, vos gestes, votre façon d'être qui reflètent naturellement cet apaisement intérieur profond.

Et quand c'est le moment pour vous, vous pouvez tranquillement vous réorienter au présent, en sentant le contact de votre corps là où il est posé. Vous vous réassociez et revenez complètement et entièrement à vous-même, ici et maintenant, en pleine possession de toutes vos capacités pour pouvoir continuer agréablement cette journée.

Vous pouvez vous étirer et changer doucement de position. Prenez quelques instants pour observer comment vous vous sentez maintenant.

Trois exemples pour mieux comprendre

■ Pauline, 40 ans : « Je suis une bonne à rien, je ne mérite pas de réussir. »

Pauline essaie de maigrir mais n'y arrive pas. Elle essaie d'être plus active dans son quotidien, mais procrastine tout le temps. Elle essaie de se détacher de son modèle familial où tout le monde est obèse, mais sans résultat malgré ses efforts. Une partie d'elle veut suivre les règles d'une bonne alimentation et lui dicte ce qu'elle doit manger ou pas et en quelle quantité, mais une autre partie d'elle veut rester devant la télé à engloutir des glaces et des paquets de gâteaux. Dès qu'elle cède à cette partie-là, elle se sent affreusement coupable, s'en veut et a honte de son comportement qu'elle cache à tout le monde. En questionnant cette partie qui semble lui faire du mal, elle entend tout à coup la phrase que ses parents lui ont répété toute son enfance : « T'es feignante, t'es bonne à rien ! » C'est comme si elle avait incorporé à l'intérieur d'elle l'injonction de ses parents et qu'elle l'avait gardée bien au chaud pendant toutes ces années.

Consciemment, elle veut à tout prix leur donner tort en mettant en place tout ce qu'il faut pour réussir à perdre du poids, et en même temps, inconsciemment elle veut leur donner raison en agissant conformément à leurs a priori. Dès qu'elle commence à réussir, paf ! C'est plus fort qu'elle, elle se jette sur tout ce qui est sucré pour bien se prouver qu'en effet, « elle n'est bonne à rien ». Les enfants ont beaucoup de mal à prendre de la distance par rapport à ce que disent leurs parents. Ils n'ont aucune autre référence, aucun point de comparaison, et surtout, ils savent très bien qu'ils dépendent d'eux pour leur survie. Un enfant qui s'oppose, qui n'adhère pas, peut dans certains contextes mettre sa vie en danger.

C'est en s'accordant la permission de désobéir que Pauline a pu reprendre le contrôle de son comportement alimentaire. En comprenant qu'aujourd'hui, elle pouvait sortir de cet affrontement entre elle et elle-même « Oui, je vais y arriver = danger. » / « Non, je suis bonne à rien = sécurité. », elle a pu arrêter de se mettre la pression et apprendre à écouter les besoins réels de son corps. Même si je suis bonne à quelque chose, je suis en sécurité. Même si j'y arrive, j'ai le droit d'exister. Plus j'écoute mon corps et plus j'ai la sensation d'exister. En cherchant la formulation d'une croyance de remplacement qui lui paraît juste, elle se libère de son enfermement et découvre tout un champ de possible, inexploré jusqu'alors.

À VOUS !

Les 4 questions magiques[1]

Voici un exercice qui permet en seulement 4 questions de se libérer d'une croyance limitante.

Pour commencer, notez la phrase qui vous empêche d'avancer et que vous vous répétez le plus souvent à propos de vous-même :

Je ne mérite pas de...

1. Est-ce que vous êtes sûr (de chez sûr) que c'est vrai ?

OUI NON

(Sachant que si vous êtes parfaitement honnête, vous ne pouvez pas répondre oui, puisqu'il s'agit d'une croyance et que les croyances ne sont jamais vérifiables à 100 %, n'est-ce pas ?)

2. Comment vous sentez-vous quand vous dites cette phrase ?

Je me sens :
- mal
- très mal
- terriblement mal
- autre : ....

(Si vous vous sentez bien, nul besoin de la changer, vous pouvez stopper là l'exercice et choisir une autre phrase de départ qui vous embête vraiment.)

1. Technique inspirée du travail de Katie Byron.

3. Comment seriez-vous sans cette croyance ?

....

4. Maintenant que vous avez pris conscience de tout le mal que vous fait cette croyance et de l'intérêt que vous auriez à la changer, renversez la phrase dans l'autre sens.

Je mérite de...

Observez comment vous vous sentez. Qu'est-ce qui s'est modifié ?

....

Cette technique peut s'appliquer à n'importe quelle croyance. Plus vous travaillez la formulation de la croyance de remplacement, plus la technique sera efficace. Elle peut être l'exact opposé de la première ou incorporer des nuances de langage, l'important est qu'elle vous paraisse acceptable, possible, plausible de manière à pouvoir l'intégrer plus facilement dans votre système intrinsèque.

■ Stéphanie, 36 ans : « Je suis une merde, je ne mérite pas mon salaire. »

Stéphanie a un poste à responsabilité. Elle travaille beaucoup. Elle attache une grande importance à tenir les délais qu'on lui impose même s'ils sont irréalisables. Elle s'épuise, devient de plus en plus nerveuse, n'arrive plus à profiter des moments qu'elle partage avec son fils qu'elle élève seule.

Malgré les résultats obtenus, elle a toujours l'impression de ne pas être à la hauteur. Alors, elle en fait encore plus et ses supérieurs augmentent la charge de sa mission. Elle accomplit les tâches de trois personnes en un temps record mais n'en retire aucune fierté. Pour elle, c'est normal, elle ne fait que son travail. À bout de force, elle fait une crise de nerfs et éclate en sanglots devant ses collègues. Elle a l'impression d'être dans une spirale infernale qui l'entraîne dans un puits sans fond. Elle donne sa démission qui est aussitôt refusée. Ceux qui l'emploient savent qu'ils ne pourront pas trouver de sitôt une employée aussi performante et motivée.

– *J'ai l'impression d'être une merde. Ils m'ont dit que j'aurai du mal à trouver un autre travail ailleurs. Et c'est vrai que ça me paraît une montagne infranchissable.*

– *S'ils ont refusé votre démission, c'est qu'ils tiennent à vous garder, non ?… Ils ont dû se rendre compte de la montagne de travail que vous abattez en aussi peu de temps. Est-ce que vous ne seriez pas la seule à ne pas en avoir pris conscience ?*

– *Peut-être… Mais il y a des délais, il faut les respecter.*

– *Et si les délais sont intenables ?*

– *Je me dois d'y arriver…*

– *Parce que sinon ?…*

– *Ce serait horrible. J'aurais l'impression d'être une petite fille qui va se faire gronder, à qui on va dire que ce n'est pas bien et qui mérite une claque ; je trouverais ça normal qu'on me la donne. C'est presque comme si je tendais la joue pour la recevoir.*

– *C'est pour cela que vous voulez démissionner ?*

– *Je ne sais plus ce que je veux, parce qu'en démissionnant, je me sens plus bas que terre. J'ai échoué, je suis nulle de chez nulle !*

– *Donc, vous voulez rester dans cette situation ?*

– *Non, j'en peux plus, je fais crise de nerfs sur crise de nerfs, et même devant mon fils ! Ça me rend complètement malade et je me sens encore plus nulle. Il m'a dit : « Elle est moche ta vie, maman » alors qu'il n'a que 5 ans ! Ce n'est vraiment pas l'image que je veux lui donner de la vie professionnelle pour son avenir. Mais je n'ai pas confiance en moi pour trouver un autre travail.*

– *Alors, qu'est-ce que vous voulez ?*

– *Je ne sais pas.. Je ne sais plus... C'est important pour moi ce travail, c'est la sécurité pour mon fils...*

– *Est-ce que vous diriez qu'il y a deux parties qui s'opposent à l'intérieur de vous : l'une qui veut rester à ce poste pour garantir la sécurité financière, et l'autre qui veut profiter de votre fils plus librement ?*

– *Oui, d'un côté je vois une cage dorée mais les barreaux sont épais, et de l'autre côté je vois du ciel bleu, il y a de l'air, je peux respirer...*

– *Que veut la cage dorée pour vous ?*

– *Que je sois fière d'avoir réussi, de mener à bien mes projets.*

– *Et le ciel bleu, qu'est-ce qu'il veut pour vous ?*

– *C'est marrant, c'est aussi la fierté qui vient... La fierté de pouvoir élever mon fils selon mes valeurs...*

– *Comme ces deux parties veulent la même chose pour vous, que vous soyez fière de vous, comment pourriez-vous les faire collaborer ensemble ?*

– *Quand le ciel bleu se rapproche de la cage, je vois les barreaux qui s'envolent, mais il y a toujours la cloche au-dessus qui m'enferme...*

– *De quoi aurait besoin cette cloche pour laisser le ciel bleu venir vers vous*[1] *?*

– *… De la fluidité… Oui, avec la fluidité, je vois maintenant un bateau avec une voile blanche qui avance vers le ciel bleu… Je peux me poser sur la berge pour jouer avec mon fils, et puis je remonte sur le bateau et je continue à avancer… C'est très tranquille et fluide…*

– *Et quand c'est très tranquille et fluide avec ce bateau qui avance, qu'est-ce qui se passe pour le fait d'être respectée ?*

– *Je sens de la chaleur qui dénoue mes cervicales et qui me permet de parler avec affirmation et conviction, sans me plaindre… et d'être entendue…*

– *Et quand il y a cette chaleur, et que vous êtes entendue, vous respectez les délais des clients, et en même temps vous êtes respectée par vos patrons, c'est cela ?*

– *Oui, c'est un échange, comme quand je monte et descends du bateau, c'est facile… Je me sens alors reliée à l'intérieur, comme un alignement avec mon cœur, mon corps et mon esprit… Et je peux être fière de ce que j'ai construit, de la vie que j'ai…*

– *Et en étant fière de vous comme cela, qu'est-ce qui se passe pour le mérite ?*

– *Alors, à ce moment-là, je mérite mon salaire, ça me paraît évident ! (Large sourire, un temps) Mais est-ce que ça existe vraiment tout ça ?…*

---

1. Ce type de formulation qui peut paraître étrange est inspiré du Clean Language, une méthode de questionnement qui n'utilise que les mots employés par l'interlocuteur en limitant au maximum les ajouts du thérapeute pour lui permettre de construire lui-même ses propres métaphores.

– *Qu'est-ce que vous en dites ?*

– *J'aimerais bien ! Je vais faire en sorte que ça existe en tout cas ! Même si j'ai tendance à croire qu'on ne peut pas tout avoir dans la vie. Par contre, mon fils qui a déjà commencé à faire sa liste pour Noël a l'air d'être convaincu du contraire…*

– *Et si vous commenciez à réfléchir à votre liste, à vous ? La liste de tout ce qui est déjà possible maintenant et de tout ce qui va bientôt le devenir… La liste de tout ce que vous méritez amplement, n'est-ce pas ?*

À VOUS !

Visualisez pour créer !

Écrivez votre croyance limitante qui concerne le mérite :
- Je ne mérite pas…
  - d'être heureux
  - d'être aimé
  - d'être respecté
  - de gagner de l'argent
  - de réussir
  - autre :……………………..

Asseyez-vous confortablement quelque part et imaginez un autre vous qui pense mériter ce que vous croyez ne pas mériter. Observez-le. Comment se tient-il ? Qu'est-ce que son visage exprime ? Quel genre d'énergie se dégage de lui ? Imaginez ce que cette croyance lui permet d'accomplir. Regardez-le agir avec facilité, confiance et motivation, observez comment il parle, quels sont ses gestes, le ton de sa voix, sa posture… Faites les ajustements nécessaires pour que cela corresponde parfaitement à ce qui vous convient en laissant votre intuition vous guider.

Quand vous êtes satisfait de ce que vous voyez, imaginez que vous entrez à l'intérieur de ce double et que vous pouvez sentir cette liberté qui est la sienne. Ressentez dans votre corps, dans votre cœur, dans votre tête, et dans vos émotions et sensations tout ce que cela vous apporte de bénéfique et de libérateur. Et maintenant, imaginez une situation où vous avez besoin de penser que vous le méritez et envisagez, en le visualisant, tout ce que cette pensée facilite à différents niveaux.

Au cours des prochaines semaines, agissez comme si vous pensiez réellement le mériter, même si cela vous paraît étrange. Cela permettra à votre cerveau d'apprendre une nouvelle manière de fonctionner qui vous semblera de plus en plus naturelle, de la même façon qu'on s'habitue facilement à une nouvelle voiture ou une nouvelle paire de chaussures en quelques jours à peine.

■ Anne-Marie, 68 ans : « Je suis une fille, je ne mérite pas de faire un métier qui me plaît. »

Anne-Marie vient me consulter pour un problème de poids. Elle voudrait perdre 5 kilos, ce n'est pas beaucoup mais ça la dérange. Elle n'est pas particulièrement coquette et se fiche même complètement de son apparence, mais elle pense que ce poids en trop est ce qui l'empêche de se sentir sereine. Tout va bien dans sa vie, elle n'a pas de problème particulier, pas de quoi se plaindre, en tout cas, selon elle. Elle a suffisamment d'argent pour vivre confortablement, est plutôt en bonne santé, voit régulièrement ses enfants et ses petits-enfants. Son mari n'est pas très causant, mais en quarante ans de vie commune, elle s'est habituée à faire avec (ou plutôt sans). Elle ne comprend donc pas ce qu'elle cherche à combler en engloutissant toutes ces choses sucrées qui ne lui font même pas plaisir. Elle aimerait faire de l'humanitaire, pourquoi pas puisqu'elle a du temps, mais tout lui semble compliqué, insurmontable.

– *Qu'est-ce qui vous attire dans l'humanitaire ?*

– *Je ne sais pas... Être utile, j'imagine...*

– *Qu'est-ce que c'est pour vous, être utile ?...*

– *Aider les gens...*

– *Et comment savez-vous que vous les aidez ?*

– *Un médecin, par exemple, aide les gens ! D'ailleurs, c'est ce que j'aurais voulu faire... depuis toute petite. Mais très vite, mon père m'a fait comprendre que ce n'était pas pour moi. Ce n'était pas un métier pour une fille.*

– *Et aujourd'hui ?*

– *Je sens une force d'inertie qui me bloque dans tout ce que je cherche à entreprendre dans ce sens... Et puis, c'est trop tard. Alors, quand je sens cette force qui me bloque, je me défoule sur la nourriture...*

– *Vous pensez toujours que votre père avait raison ?*

– *Mon grand-père était médecin. Et d'ailleurs, je n'avais jamais fait le rapprochement, mais j'ai un médaillon de lui dans mon salon et à chaque fois que je passe devant, j'ai l'impression qu'il regarde si je ne fais pas de bêtise. Il était très autoritaire, c'était quelqu'un, mon grand-père.*

– *Vous voulez dire qu'il se plaçait au-dessus des autres ?*

– En tout cas, il m'a fait comprendre que je ne méritais pas de faire médecine, alors j'ai renoncé, et je n'ai même pas lutté très longtemps… ce qui prouve qu'il avait raison quelque part.

– Et si vous imaginiez quelques instants qu'aujourd'hui, c'est différent… que vous méritez pleinement d'aider les autres… que vous pouvez leur apporter beaucoup… Qu'est-ce que vous voyez ?…

– Je me vois dans une pièce assez lumineuse… Je parle avec des gens, je démêle les fils de leurs problèmes… C'est compliqué mais j'y arrive… Je fais marcher mon cerveau…

– Et comment vous sentez-vous ?

– Je suis concentrée, à l'aise, mais concentrée… Je mets toute mon énergie au service du soin que je leur apporte… C'est très agréable… Je ne sais pas exactement ce que je fais, mais mon cerveau fonctionne vite… C'est bizarre, je suis très émue d'un seul coup… (Elle se met à pleurer.) Je me sens terriblement triste. (Pendant quelques minutes des larmes ne cessent de couler lentement sur ses joues.) C'est comme si une bulle de tristesse avait éclaté à l'intérieur de moi… Peut-être que cette force d'inertie cherchait à préserver cette bulle… Et maintenant qu'elle a jailli, je me sens curieusement apaisée…

– Et en imaginant que vous pouvez être utile, quelle est la première chose qui vous vient à l'esprit ?

– Ça me paraît faisable… En tout cas, je vais y réfléchir pour de bon. Trouver un moyen de concrétiser tout ça. D'une manière ou d'une autre. C'est curieux, je pense que je vais y arriver.

Croyance n° 4 - C'est de ma faute

La culpabilité est l'émotion (désagréable) ressentie par une personne qui se juge, à tort ou à raison, coupable d'avoir transgressé une règle ou fait du tort à quelqu'un. Cette auto-évaluation est très subjective et c'est ce qui pose problème. Car parfois, des personnes qui devraient se sentir coupables (selon nous) n'ont aucunement conscience d'avoir mal agi et d'autres qui n'ont rien à se reprocher passent au contraire leur temps à croire que tout est de leur faute.

Le sentiment de culpabilité (sans faute réelle) est beaucoup plus largement répandu qu'on ne l'imagine. Et c'est un très bon moyen de souffrir toute sa vie. On se fait des reproches, on regrette, on se juge, on aurait « dû mieux faire », on aurait « pu faire autrement », on est coupable du début à la fin et au milieu aussi. On passe une grande partie de notre vie à avoir des remords sur notre conduite et à faire des reproches aux autres sur ce qu'ils nous infligent. C'est une façon de nier la réalité, en construisant un monde parallèle et imaginaire où les choses se seraient passées autrement : « Ah, si seulement j'avais fait/dit/pensé... », « Non mais franchement, il aurait quand même pu... » Cet autre monde n'existe que dans notre esprit et est en grande partie responsable de notre malheur.

> « Il se pourrait que les seules limites à l'esprit humain soient celles auxquelles nous croyons. »
>
> **Willis Harman**

Les choses étant ce qu'elles sont, c'est bien la preuve qu'elles ne se sont pas déroulées autrement. Et pourtant, on continue à penser que ça aurait été tellement mieux si seulement tout avait été différent. L'écart entre ce qui est et ce qu'on aurait voulu est à la mesure de notre déception et de notre mal-être. Quoi ? Que vois-je ? Qu'entends-je ?... Cela voudrait donc dire que nous créons nous-même le précipice dans lequel nous avons l'impression de tomber ?!... Que nous fabriquons tout seuls les murs à l'intérieur desquels nous nous sentons enfermés ?!... Oh, chouette, encore une bonne raison de se sentir coupable ! (Justement, ça m'arrange, je n'en avais plus trop en ce moment, je me demandais comment j'allais pouvoir continuer à croire que tout était de ma faute.)

Les reproches que l'on se fait viennent du regard que nous portons aujourd'hui sur nos actions passées, en ayant connaissance de leurs conséquences. Et en émettant ce jugement de valeur, on oublie qu'à l'époque, on ignorait la deuxième partie de l'équation. Ce qui nous semble évident aujourd'hui, parce qu'on en a expérimenté les conséquences, était une information tout à fait inaccessible au moment où les choses se sont produites. Si l'on y réfléchit vraiment, on se rend compte qu'on agit toujours au mieux de nos possibilités et de nos connaissances (et même quand cela se révèle une erreur par la suite). Car à l'instant T, on sélectionne toujours le meilleur choix à notre disposition.

Madeleine dit manquer de confiance en elle. Elle se sent terriblement coupable depuis son divorce. Elle a trompé son mari et toute sa famille la considère comme responsable du cataclysme qui a suivi. Secouée par l'émotion, elle est inconsolable. Comment pourra-t-elle se le pardonner un jour ? Quand je lui dis que chaque personne fait le meilleur choix à chaque instant, elle relève doucement la tête.

– *À cette époque-là, quel était votre choix ?*

– *C'est simple, me répond-elle, soit je mourais, soit je faisais ce que j'ai fait. Je ne voyais pas d'autre issue.*

– *À ce moment-là, tromper votre mari était une question de survie. Comment pouvez-vous vous reprocher d'avoir fait ce qui était nécessaire pour rester en vie ?*

– *Mais j'aurais quand même pu trouver un autre moyen…*

– *Maintenant, vous voyez beaucoup d'autres façons de vous sortir de cette situation, mais à ce moment-là de votre vie, ces autres choix étaient inaccessibles.*

Il ne s'agit pas de pardonner ou de justifier les « fautes » commises par les uns et les autres (et par soi-même), mais seulement de comprendre le processus logique qui a conduit à ces actions. Et plus on garde cela à l'esprit et plus les reproches qu'on peut se faire à soi-même (et aux autres) deviennent absurdes. L'expression « peut mieux faire » est symptomatique de ce raisonnement insensé, car si on *avait pu* faire mieux, on aurait fait mieux ! C'est justement parce qu'on n'avait pas les moyens de faire autrement, qu'on a fait ce qu'on a fait (et ce n'est pas une question de capacité que l'on possède ou non, mais de choix à notre disposition).

Alors, si vous êtes prêt à arrêter de vous faire des reproches inconsidérés et d'en vouloir déraisonnablement aux autres, vous pouvez dès maintenant commencer à vous demander ce que vous allez bien pouvoir faire de vos journées ! Ces réflexions illogiques sont en effet totalement chronophages, et pour quels résultats ? On est quand même en droit de se poser la question.

La culpabilité, un sentiment à cultiver ?

On reproche à certains assassins de n'exprimer aucun remord… Mais la culpabilité a-t-elle déjà ressuscité quelqu'un ? Elle est censée avoir une fonction réparatrice : si je me sens coupable, je ne vais plus reproduire le comportement mis en cause. Mais est-elle efficace dans la pratique ?

« Mes enfants ne m'obéissent pas, je crie, puis je me sens coupable, me raconte Joséphine. Plus tard, les mêmes causes produisant les mêmes effets, je me retrouve avec la voix cassée à regretter de ne pas être la mère parfaite que j'avais imaginée. Je me sens de plus en plus mal et je ne sais pas comment sortir de là. » Merci la culpabilité pour ton aide !

Plus Joséphine se sent coupable, plus elle est à fleur de peau, et plus vite elle va se sentir débordée. Et si la culpabilité renforçait le comportement à améliorer au lieu de l'éliminer ? En se sentant coupable, Joséphine se coupe de ses autres ressentis (colère, frustration) qui auraient pu la mettre sur la piste de la solution. Quel est le besoin non satisfait qui s'exprime ? Quelle est la valeur qui est bafouée pour elle ? Elle s'énerve car elle voudrait une vie familiale apaisée, l'harmonie étant une de ses valeurs. Voir ses enfants se disputer va à l'encontre de cette valeur et elle crie pour mettre fin à leur conflit. Savoir cela lui permet de chercher des alternatives répondant à son vrai besoin. Alors que passer la soirée à se sentir coupable ne lui apportera aucune satisfaction ni solution.

Comment est née cette croyance ?

Chercher l'origine de la culpabilité, c'est un peu chercher l'origine du monde. L'humanité ne vient-elle pas d'un péché originel ? Ne sommes-nous pas tous coupables, dès le départ (et avant même notre arrivée sur cette terre) ? D'ailleurs, la mythologie grecque illustre aussi cette notion de faute impardonnable par l'histoire de Prométhée qui dérobe le feu sacré de l'Olympe pour le transmettre aux hommes. Il est condamné à être attaché à un rocher, son foie dévoré par l'Aigle du Caucase chaque jour et repoussant chaque nuit (de quoi avoir bien le temps de se sentir coupable).

L'être humain, qui cherche sans cesse à donner du sens au monde dans lequel il vit, est très friand de cette notion de faute : « C'est ta faute », « C'est ma faute », « C'est la faute de la société », comme si cette affirmation expliquait tout et mettait un point final à tout raisonnement. Sauf qu'on s'aperçoit assez vite que ce type de phrases ne fait pas tellement avancer le schmilblick, bien au contraire.

Le moyen le plus sûr de se débarrasser de sa culpabilité est de la refiler à quelqu'un d'autre. Et il faut avouer que certains parents sont particulièrement doués dans ce jeu de relais : « Voilà comment tu te comportes ! Après tout ce qu'on a fait pour toi ! » L'enfant, naturellement incité à croire tout ce que lui disent ses parents, se sent très facilement coupable. Il n'a pas fait ce qu'il fallait, il ne s'est pas comporté de la bonne façon, il n'a pas réagi conformément à ce qu'on attendait de lui. Il est donc déclaré *coupable*. « Je suis restée avec ton père pour toi, j'ai tellement souffert », dit cette mère en offrant comme cadeau à son enfant ce beau paquet de culpabilité bien emballé. A-t-il demandé quelque chose ? N'aurait-il pas été plus heureux dans un autre contexte familial ? « C'est de ta faute si je suis malheureuse » : voilà tout ce qu'on lui demande de comprendre.

Avez-vous déjà remarqué comme c'est facile de refourguer sa culpabilité à quelqu'un d'autre ? Pour se soulager de ce poids, on cherche (inconsciemment) une bonne âme à qui faire porter le chapeau. « Je me sens complètement débordée par ce dossier, mais tu n'as pas le temps, toi, tu es occupé, hein ?... », dit la collègue qui se sent coupable de ne pas réussir à tout boucler dans les délais. « Non mais regarde ce que tu as fait ! », s'exclame avec colère le parent devant la bêtise de son enfant, en étouffant sa culpabilité de ne pas l'avoir assez surveillé. Le problème avec la culpabilité, c'est que même quand notre interlocuteur l'attrape, la nôtre ne diminue pas pour autant, c'est un peu comme un virus qui se répand et s'amplifie à chaque nouvelle personne contaminée.

Pour reconnaître le moment où la culpabilité pointe le bout de son nez, il suffit d'identifier les pensées qui sont construites avec « avoir dû », l'opérateur modal de nécessité au passé : j'aurais dû travailler plus, je n'aurais pas dû réagir comme ça, j'aurais dû réfléchir avant, j'aurais dû mieux faire ceci, j'aurais dû faire autrement... Voici le petit jeu que je vous propose : comptez le nombre de fois où vous pensez avec le modèle de formulation « J'aurais dû... / Je n'aurais pas dû... » dans une journée. À votre avis, le chiffre atteint au moment du coucher sera-t-il aux alentours de 10 ? 50 ? 100 ? Ou 1 000 ?

À quoi sert cette croyance ?

■ Se sentir puissant

Curieusement, la culpabilité donne un sentiment de toute-puissance. Si c'est de ma faute, ça veut dire que mon action a une influence sur le monde, ça veut dire que ce que je peux dire ou faire détermine les émotions des autres. Bien sûr, c'est négatif, mais c'est l'illustration d'un pouvoir quand même ! Si je me sens coupable quand mes enfants sont tristes, ça veut dire que j'ai la faculté de leur procurer de la tristesse, et donc par ricochet de la joie. Je suis Dieu (ou presque). Eh oui, rien que ça. Car en fait, nous ne sommes responsables que de nos propres émotions (mais rassurez-vous, c'est déjà énorme). Si la personne en face réagit mal à ce qu'on lui dit, c'est sa décision à elle (consciente ou non), mais en réalité, nous n'y sommes pour rien. Une autre personne dans la même situation réagirait complètement différemment, ce qui prouve que ce n'est pas notre comportement qui détermine sa réaction mais sa carte du monde (dont elle est responsable, même si elle ne sait pas). De la même façon, si quelqu'un essaie de me refiler sa culpabilité, je peux décider de la prendre ou non. C'est ma responsabilité, pas la sienne.

« Ma mère est très forte pour réussir à me culpabiliser, raconte Jérémy. Elle me dit par exemple : "Je ne te vois jamais, tu cours à droite à gauche, tout pour toi est plus important que ta mère, j'ai bien compris, tu sais !" Du coup, je me sens obligé de l'inviter à dîner, alors que ça se passe mal à chaque fois. » Jérémy décide de répondre au désir de sa mère, parce que sinon, il a l'impression d'être un fils ingrat. Mais s'il accepte l'idée d'être ce mauvais fils-là (et pourquoi pas ?) ou s'il prend conscience qu'être un bon fils ne dépend pas du nombre d'invitations à dîner dans le mois, il peut refuser sans se sentir coupable. C'est donc une décision qui lui appartient complètement.

Ce sentiment de puissance que nous confère la culpabilité « J'ai le pouvoir de rendre ma mère malheureuse » vient contrebalancer la sensation d'impuissance du nourrisson que nous avons tous expérimentée. Un nouveau-né n'a aucune influence sur le monde qui l'entoure (ou du moins, le croit-il), et parfois, même les cris les plus stridents ne provoquent aucune réaction chez ses interlocuteurs privilégiés. En se sentant coupable, on devient la cause de quelque chose. On devient puissant.

■ Faire partie d'un groupe

Les survivants d'un accident ou d'une guerre peuvent se sentir coupables d'avoir survécu. Ce qu'ils ont subi n'est pourtant absolument pas de leur faute. Cette culpabilité-là vient d'un sentiment d'injustice : « Pourquoi moi ? », ou plutôt : « Pourquoi pas moi ? » L'incompréhension de ce qui semble être un choix du destin peut alors se traduire par un sentiment de malaise ou même de mal-être : « Je suis coupable d'être en vie. » Alain

Crespelle[1] rapporte un témoignage qui illustre ce phénomène : « Au cinquantième anniversaire de la libération des camps, deux déportés qui n'avaient pas communiqué entre eux ont, à deux moments différents, dit exactement la même chose : "Quand on a débarqué gare de l'Est et qu'on a vu tous ces visages tendus vers nous et qui tentaient de reconnaître un ami ou un parent, on s'est senti coupable d'être là..." »

Avec cet exemple, on comprend qu'il n'est pas question de faute morale, mais plutôt de se conformer à la règle du groupe auquel on appartient. Si la règle est transgressée, on est « en faute » vis-à-vis des autres qui n'ont pas suivi le même chemin que nous. On voit que les règles sont tout à fait subjectives et dépendantes de la culture, du mode de vie, des valeurs du groupe auquel on appartient. Cela permet de s'apercevoir qu'il n'y a pas de bien et de mal en soi, mais seulement vis-à-vis d'un contexte. Pendant la guerre, les hommes qui tuent des soldats ennemis sont considérés comme des héros et non comme des assassins. Vous pouvez alors vous poser ces questions : « Vis-à-vis de quel groupe, de quelle idée et par rapport à quel contexte, est-ce que je me sens coupable ? Et quel est le plus petit changement que je pourrais mettre en place et qui me libérerait de cette culpabilité ? »

■ Avoir une bonne image de soi

La culpabilité est à l'origine un sentiment qui permet de progresser, d'évoluer, de s'améliorer (même si ce n'est pas toujours le cas, comme on a pu le voir). Le fait de se sentir coupable peut donc servir à garder une bonne image de soi. J'ai mal agi mais je me sens coupable, donc ça veut dire que je ne suis pas totalement

1. *Actualités en analyse transactionnelle*, 2009/4 (n° 132).

une mauvaise personne, puisque j'ai des remords. Cette sensation désagréable que je m'inflige à moi-même me montre qu'au fond, je suis quelqu'un de bien, je suis capable de me mettre à la place des autres et de comprendre leur point de vue. Je ne suis pas un psychopathe, ouf ! On peut alors se demander dans quelle mesure l'empathie ne serait pas plus intéressante que la culpabilité, et même plus efficace, pour atteindre ce but ? Quitte à cultiver une sensation particulière pour nous rendre meilleurs, autant choisir l'empathie qui nous incite à tenir compte des autres au présent, plutôt que la culpabilité qui nous permet seulement de regretter ce qui a été fait dans le passé, non ?

Comment s'en débarrasser ?

■ Retrouver sa responsabilité et redonner la leur aux autres

La culpabilité donne le sentiment (ou plutôt l'illusion) d'être responsable du malheur des autres. C'est une façon de priver nos interlocuteurs de leur libre-arbitre. Laura hésite à quitter son conjoint, le père de son fils. Elle a peur de lui faire de la peine. Il boit trop et fait des crises de plus en plus violentes. Elle craint, en le quittant, de renforcer son mal-être et d'être responsable de sa plongée (définitive) dans l'alcool. Elle se sent coupable de le laisser tomber.

– *Est-ce vous qui lui servez les verres de whisky qu'il avale les uns après les autres ?*

– *Non, bien sûr, me répond-elle.*

– *Est-ce qu'il buvait avant de vous rencontrer ?*

– *Oui, je pensais justement que j'allais l'aider à arrêter, mais ça ne s'est pas passé comme prévu…*

– *Est-ce que vous trouvez raisonnable de vous sentir coupable de quelque chose qui ne vous concerne pas, qui ne vous appartient pas et sur lequel vous n'avez aucune prise ?*

– *En effet, vu comme ça…*

En voulant agir pour l'autre ou pour le bien de l'autre, on ne s'aperçoit pas toujours qu'on nie son pouvoir de transformation, on nie sa responsabilité et on contribue à conserver sa position d'enfant ou de victime. C'est parfois, justement, quand les choses vont très mal, quand on touche le fond, qu'on trouve l'énergie de remonter… mais tant qu'on est maintenu (artificiellement) à flot, il ne se passe rien, puisque justement, une forme d'équilibre est en place. La question à se poser n'est pas : « Est-ce qu'en faisant cela, je risque de lui faire du mal ? », mais plutôt : « Où est ma responsabilité dans cette histoire ? » Certains thérapeutes de couple expliquent que, dans une relation, nous sommes tous responsables à 100 % de la relation, et non pas à 50 % comme on a l'habitude de le penser. Car en s'enlevant la moitié de la responsabilité, on s'enlève par la même occasion 50 % de notre pouvoir d'action.

Ce que se sentir coupable veut dire

1. Découvrez la croyance qui se cache derrière votre culpabilité. Qu'est-ce que je crois inconsciemment quand je me sens coupable ?

□ Que je suis gentil et que je suis prêt à souffrir pour le rester (toujours) – et par opposition, que les autres (ou au moins certains) sont méchants. (Eh oh ! Vous habitez dans un Walt Disney ou quoi ?)

□ Que les autres ont plus de valeur que moi (bah oui, sinon pourquoi c'est moi qui souffre et pas eux ? Pourquoi c'est moi qui me préoccupe de leur bonheur et pas l'inverse ? Et si j'avais au moins autant de valeur qu'eux, ça donnerait quoi ?)

□ Que... ....

....

....

2. Découvrez l'objectif qui se cache derrière votre culpabilité : quelle est la preuve que j'ai atteint cet objectif ? Cette preuve que je n'arrive pas à obtenir...

□ Objectif : réussir ma vie / la preuve serait une vie familiale heureuse.

□ Objectif : être un bon parent / la preuve serait que mes enfants soient toujours heureux.

□ Objectif : être une bonne personne / la preuve serait que les proches soient toujours heureux.

□ Objectif ....
/la preuve ....

....

....

....

....

3. Décidez de ce que vous voulez vraiment :

Est-ce que je veux continuer à me sentir coupable de quelque chose sur lequel je n'ai pas de prise (c'est-à-dire les émotions ou les comportements des autres) pour continuer à croire que je suis (toujours) gentil et que les autres ont plus de valeur que moi ?

OUI NON

4. Si vous avez répondu NON à la question précédente, quelle est la nouvelle preuve (qui dépend entièrement de vous) que vous voulez rechercher à partir d'aujourd'hui et qui montrera que vous avez atteint votre objectif ?

□ Objectif : réussir ma vie / la preuve serait que je me sente plus souvent bien en me réveillant le matin.

□ Objectif : être un bon parent / la preuve serait que je prenne plaisir à partager des moments avec mes enfants.

□ Objectif : être une bonne personne / la preuve serait que mes actions soient alignées avec mes valeurs.

□ Objectif ....
/la preuve ....
....
....
....
....

■ Avoir une vision élargie de soi-même

Se sentir coupable vis-à-vis de soi-même, c'est une façon de se persécuter. On se juge négativement, et on s'en veut. C'est comme si on rejetait une partie de nous, en la qualifiant de mauvaise ou néfaste. Et plus on la rejette, plus elle se manifeste. Si on s'en veut d'avoir trop mangé, par exemple, on se met à contrôler nos portions, nos aliments, et puis tout d'un coup, « ça lâche » et on s'empiffre sans plus pouvoir s'arrêter. Tant qu'on reste coincé dans cette dichotomie entre le bien et le mal, on s'enferme à l'intérieur de soi. Plus on met de pression sur la partie soi-disant négative, plus on lui donne de la force. Il s'agit alors de la reconnaître pour ce qu'elle est : une part de nous qui exprime un besoin non satisfait.

Justine se force à se lever à 6 heures tous les matins pour faire du sport avant d'aller travailler. Mais de temps en temps, elle reste sous sa couette et se sent complètement incapable de bouger. Dans ces périodes-là, elle se trouve nulle et se sent terriblement coupable de se laisser aller comme ça. Elle sait que ça va revenir, que dans quelques jours ou quelques semaines, elle va reprendre son entraînement intensif, mais en attendant, elle se déteste.

— Qu'est-ce que cette partie veut de bien pour vous ?

— Rien, elle me tire vers le bas, elle ne sert à rien.

— Mais si elle venait vous dire quelque chose, qu'est-ce que ça pourrait être ?

— Que je suis fainéante, que je suis nulle, que je ne vaux rien !

— Et si c'était quelque chose de positif pour vous ?

— Non vraiment, je ne vois pas. Elle ne sert qu'à me faire culpabiliser. Il n'y a rien de positif dans cette partie de moi.

Quelques séances plus tard, Justine se rend compte qu'elle a été toute sa vie soumise aux valeurs de performance et d'efficacité que lui ont inculquées ses parents. Elle a passé sa vie à se conformer à un modèle de réussite basé sur l'apparence qui ne lui correspond pas : avoir un travail qui rapporte beaucoup d'argent, un corps parfait, une vie qui donne envie... La partie qui la fait rester au lit sous sa couette voulait lui dire de ne plus obéir aux priorités des autres pour pouvoir devenir sa propre priorité. Tant qu'elle refusait de capter ce message en croyant qu'il était émis par la fainéantise la plus malsaine, elle continuait à entretenir un fossé entre elle et elle-même, fossé qui laissait une large place à la culpabilité.

Et vous, quelle est la partie de vous que vous avez du mal à laisser parler ? Et que veut-elle vous dire ?...

Trois exemples pour mieux comprendre

■ Mélanie, 36 ans : « Tout est de ma faute. »

Mélanie vient me consulter suite à la mort de sa mère. Elle pensait « avoir bien pris la chose », mais depuis quelques mois, rien ne va plus. Elle se sent affreusement coupable. À cause de son travail, elle était en déplacement quand sa mère est partie. Elle le regrette amèrement.

– *Quand j'y repense, ça me rend malade, dit-elle en pleurant. Je ne comprends pas pourquoi j'ai accepté ce voyage, ça me paraît tellement futile par rapport aux derniers instants de ma mère.*

– *Mais à ce moment-là, vous ne pouviez pas savoir qu'il ne lui restait que quelques heures à vivre.*

– *Non, les médecins m'ont dit de partir tranquille et elle aussi d'ailleurs, mais je m'en veux.*

– *Vous êtes restée auprès d'elle pendant des mois, tout au long de sa maladie, ça ne compte pas à vos yeux ?*

– *Pour moi, c'est jamais assez… Je n'en fais jamais assez.*

– *Ça vous sert à quelque chose de vous sentir coupable, comme ça ?*

– *Je ne sais pas… J'ai toujours fait ça… mais c'est interpellant ce que vous dites, parce que je me rends compte que cette culpabilité m'a accompagnée toute ma vie. J'ai été abusée par mon père quand j'avais 8 ans, et j'ai toujours considéré que c'était de ma faute. À 8 ans, on est capable de dire non, quand même, vous ne croyez pas ? J'aurais dû savoir quoi faire.*

– *Mais non ! À 8 ans, on est un enfant et dans les yeux d'un enfant, c'est l'adulte qui a toujours raison. Comment pourrait-il réussir à établir une limite que l'adulte est en train de transgresser ? C'est tout à fait impossible. Et celui qui est vraiment coupable essaie pour soulager sa conscience de refiler sa culpabilité à sa victime. C'est pourquoi beaucoup de victimes se sentent coupables, parce qu'on leur a fait croire que c'était de leur faute, et qu'est-ce qui est plus crédule qu'un enfant, qui tire tout son savoir de ses parents, justement ? Mais aujourd'hui, vous pouvez réaliser que vous n'y étiez pour rien. C'est à l'adulte de fixer les limites et les interdits, c'est son rôle.*

– Ça vient sûrement de là, maintenant que j'y pense… Mais la culpabilité est aujourd'hui devenue comme une amie, elle m'accompagne partout et tout le temps, elle ne me laisse jamais tomber. Avec mon ex, c'était pareil, je me sentais coupable pour tout, alors que c'est lui qui était en tort. Il me maltraitait et m'insultait, mais j'avais l'impression que c'était de ma faute. Et même quand j'ai fini par le quitter, je m'en suis voulu, parce qu'il s'est effondré.

– *Vous auriez préféré continuer à vous faire maltraiter ?*

– Non, mais avec mes enfants, c'est pareil. Quand ils pleurent, je me sens coupable. Je sens que c'est de ma faute, quelque part.

– *C'est vous qui dirigez le monde alors ? Rien ne s'y passe sans votre intervention ? Rien ne se produit sans votre aide ? Tous les chagrins de la Terre sont reliés à vous ?*

– Non, bien sûr… mais je voudrais tellement que les choses se passent bien… pour les autres…

– *Vous qui êtes tellement dévouée aux autres, ce serait peut-être un beau cadeau à leur faire que de leur laisser un peu de culpabilité de temps en temps, vous ne croyez pas ?*

– Comment ça ?

– C'est être un peu égoïste de prendre toute la culpabilité pour vous toute seule. Vous ne leur en laissez même pas une petite miette !

– Moi, égoïste ?...

– Il faut croire... Vous n'êtes pas Dieu, vous n'êtes pas responsable de la bonne marche de l'univers tout entier, si ?

– Non, bien sûr...

– Même Dieu a laissé aux hommes leur libre-arbitre, et vous, non...

– C'est vrai que je prends tout sur mes épaules.

– Vous êtes responsable de votre bonheur à vous, mais pas de celui des autres. C'est déjà beaucoup de travail, vous savez.

– J'avais pour habitude de toujours m'occuper d'abord des autres... C'est vrai que je ne me suis jamais posé la question de mon bonheur à moi...

– Et si vous commenciez aujourd'hui, ça donnerait quoi ?

■ Gina, 25 ans : « Aimer, c'est souffrir avec l'autre. »

Depuis que le père de Gina est malade, elle souffre atrocement, elle n'arrive plus à gérer sa vie, tout part en vrille, son métier, son couple, son quotidien. Sa souffrance est à la hauteur de celle de son père, elle ne sait pas comment redresser la barre.

– Si vous ne souffrez pas, vous avez l'impression de ne pas l'aimer ?

– Comment ça ?

– Si vous pouviez poursuivre votre vie normalement alors que vous savez qu'il ne va pas bien, qu'est-ce que ça voudrait dire pour vous ?

– Ah, oui, ça n'irait pas du tout ! J'aurais l'impression d'être égoïste, d'être insensible. Je me sentirais affreusement coupable.

– Est-ce que votre père sait que vous n'allez pas bien ?

– Non, je ne lui en parle pas, mais il le voit, je pense...

– Et vous voulez qu'il s'inquiète pour vous ? Est-ce qu'il n'a pas déjà assez à faire avec sa maladie ?

– Oui, c'est sûr.

– Est-ce que vous pensez que votre père serait content de savoir que tout va bien dans votre vie ?

– Oui, ça lui ferait plaisir.

– Est-ce que ce n'est pas une bonne façon de lui témoigner votre amour que de faire en sorte d'aller bien ? N'est-ce pas plutôt en allant bien que vous l'aideriez à mieux supporter sa maladie ?

– Peut-être...

– Quand un bébé pleure... si la mère, touchée par ce chagrin, se met elle aussi à pleurer, si elle s'assoit par terre, à côté de son bébé, et se met à hurler comme lui, est-ce que ça va permettre à l'enfant de se calmer ? Est-ce qu'il ne vaut mieux pas qu'elle garde toute sa présence d'esprit, froidement, insensiblement, pour pouvoir lui venir en aide de la manière la plus adaptée ?

– Oui, évidemment.

– Imaginez quelqu'un qui hérite de beaucoup d'argent et qui refuse cet héritage sous prétexte que d'autres ont moins

de chance que lui et vivent dans la misère. Est-ce que ce ne serait pas plus facile de venir en aide aux personnes qui en ont besoin avec cet héritage que sans ?

– *Ça paraît logique, en effet.*

– *De la souffrance plus de la souffrance, ça fait seulement plus de souffrance pour tout le monde. Si vous considérez que vous faites tout pour aller bien, pour soulager votre père de son inquiétude à votre égard, et pour être en état de lui apporter votre soutien quand il en a besoin, qu'est-ce qui se passe pour la culpabilité ?*

– *À ce moment-là, il n'y en a plus. C'est sûr que je peux l'aider plus efficacement en allant bien.*

■ Brigitte, 48 ans : « Je me sens coupable de la souffrance de mes enfants. »

Brigitte se présente comme une femme nerveuse et continuellement stressée. Depuis que ses enfants sont partis à Paris pour faire leurs études, elle n'a pas une minute à elle. Elle est en permanence en train de vérifier que son téléphone est bien allumé pour être joignable à tout moment, au cas où ils auraient besoin de son aide. Elle les conseille sur tout : de l'élaboration de leur menu à la rédaction d'un texto, elle les console à la moindre contrariété, comme si elle vivait leur vie par procuration.

– *Vous pensez qu'ils ne sont pas capables de se débrouiller tout seuls ?*

– *Si, bien sûr ! Mais je suis là au cas où, et ils le savent, alors parfois ils en abusent… et du coup, je mets ma vie personnelle de côté.*

– *Est-ce qu'ils courent un danger ? Est-ce qu'ils sont partis dans un pays en guerre ?*

– Non, bien sûr… mais en fait, c'est surtout ma fille, et pourtant, c'est l'aînée, elle a trois ans de plus que son frère… Elle me demande de l'aide pour tout et je lui dis tout le temps : « Emma, tu dois te débrouiller sans moi ». Et puis après, je ne peux pas m'empêcher d'ajouter : « Mais à ta place, moi, je ferais comme ça… »

– Avez-vous l'impression que plus vous l'aidez et plus elle vous demande de l'aide ?

– Oui, enfin des fois, elle m'envoie balader quand même ! Mais on s'appelle jusqu'à vingt fois par jour… Voyez, là, je vous parle et je n'ai pas éteint mon portable parce qu'on ne sait jamais, je veux être là pour elle.

– Qu'est-ce qui se passerait si vous la laissiez se débrouiller seule ?

– Je me sentirais coupable. Quand je me suis mariée, mes parents ne voulaient pas intervenir dans ma vie, alors ils m'ont complètement laissé tomber et je ne veux pas faire vivre ça à mes enfants. C'est parce que mes grands-parents avaient décidé de tout pour ma mère à son mariage et elle n'a pas voulu reproduire le schéma… Je la comprends, mais à l'époque, ça ne m'a pas empêchée de me sentir abandonnée.

– Et vous comptez mettre votre vie entre parenthèses pendant combien de temps comme ça ?

– Oh, je ne sais pas… Je n'en peux déjà plus, là… Je sens bien que je suis à bout. Tout me stresse, tout m'inquiète. L'autre jour, ma fille s'est disputée avec une de ses amies, et j'étais plus triste qu'elle. Mon mari m'a dit « Mais pourquoi tu pleures ? », je n'ai pas osé lui dire la vérité. Mais je me sens responsable du bonheur de ma fille. J'essaie toujours de

faire au mieux pour elle, de lui éviter tous les désagréments possibles, quitte à souffrir à sa place…

– *Depuis quand faites-vous ça ?*

– *Oh ! Depuis toujours ! Quand elle est née, on a eu très peur, parce qu'elle a eu un staphylocoque, elle a failli mourir, et c'était de ma faute ! C'est moi qui lui ai transmis… Et je me suis dit : « La pauvre petite, elle n'a pas demandé à vivre, c'est mon mari et moi qui voulions un enfant, et voilà qu'elle attrape ça ! »*

– *Et qui vous dit qu'elle n'a pas demandé à vivre ? Qu'est-ce que vous en savez ?*

– *Oui, c'est vrai…*

– *Vous savez, il y a des gens qui disent que les enfants choisissent leurs parents…*

– *Oui, j'ai entendu dire ça… Mais on ne sait pas si c'est vrai…*

– *On ne sait pas non plus si ce n'est pas vrai… Et si vous lui laissiez la responsabilité de son existence ?*

– *C'est vrai que c'est ce qu'elle me demande… Elle veut être indépendante… Et en même temps, à 22 ans, c'est normal…*

– *Est-ce que l'objectif d'un parent, ce n'est pas justement de permettre à un enfant de devenir autonome ? Si vous ne laissez jamais votre enfant faire ses lacets tout seul, il n'apprendra jamais à le faire… Bien sûr, c'est plus rapide et mieux fait, si vous le faites vous-même, mais est-ce que vous voulez être obligée de lui lacer ses chaussures toute sa vie ?*

– *Non, bien sûr…*

– *Est-ce qu'en vous sentant coupable, vous l'aidez ?*

– Non, parce qu'elle est très empathique et elle voit que je souffre, alors ça l'inquiète…

– Est-ce que lui offrir la responsabilité de ses émotions et de ses décisions, ce ne serait pas un beau cadeau à lui faire ?

– Certainement.

– Est-ce que vous vous rendez compte que vous agissez avec elle, comme si elle était toujours un nourrisson ? Vous utilisez votre téléphone comme un babyphone, comme si elle ne pouvait pas survivre sans vous… Ce qui était vrai quand elle était bébé, ne l'est plus aujourd'hui… Elle sait se faire à manger ?

– Oui, bien sûr.

– Elle sait s'habiller toute seule ?

– Oui.

– Est-ce que vous croyez qu'elle est prête à prendre sa vie en main ?

– Oui, sûrement… Je peux être là pour elle, tout en la laissant voler de ses propres ailes… C'est marrant, en disant ça, je sens comme un poids qui s'en va, je me sens plus légère… La laisser faire par elle-même, oui…

– Et si elle se trompe, ça lui permettra d'apprendre, n'est-ce pas ?

– Oui, la laisser faire des expériences… Lui donner cette liberté-là me libère également, c'est tellement agréable.

CONCLUSION

« L'enseignement de Bouddha s'appuie sur quatre principes :

1. D'abord il y a souffrance.
2. Il y a une cause à cette souffrance.
3. Il y a une fin à cette souffrance.
4. Et il y a un chemin pour mettre fin à cette souffrance[1]. »

Vous connaissez maintenant ce chemin et vous allez pouvoir à partir de maintenant devenir de plus en plus facilement conscient des croyances qui sont à l'origine de vos émotions et de vos comportements. Cette connaissance vous permettra de reprendre le contrôle et de ne pas laisser des automatismes ou des traces du passé diriger votre vie de façon intempestive.

Vous savez maintenant qu'il est possible de changer ce qui vous emprisonnait, de faire bouger les lignes des limites que vous vous imposiez, de tracer votre chemin vers la liberté, celui qui vous correspond, celui qui vous convient, celui qui vous permet de vous autoriser à être qui vous êtes profondément. Cette liberté qui est la vôtre, vous pouvez l'utiliser pour construire votre vie à votre image et vous pouvez déjà commencer à songer aux différents contextes où vous pouvez ajuster vos

---

1. ROUMANOFF Daniel, *La grandeur de l'homme Swami Prajnanpad*, Édition L'originel, 2020.

comportements, vos actions, vos paroles pour développer vos capacités, vos compétences, vos savoir-faire de manière à prendre conscience de votre valeur.

En adaptant vos croyances, vous trouvez les moyens les plus simples et les plus logiques de répondre à vos besoins, tout en prenant en compte tout ce qu'il y a à prendre en compte pour favoriser naturellement l'équilibre qui vous convient. Et tandis que tout cela se met en place, vous pouvez déjà ressentir à l'intérieur de vous les bienfaits de ces améliorations que vous pourrez prendre plaisir à découvrir dans votre quotidien.

REMERCIEMENTS

Merci à Robert Dilts pour l'intelligence et la bienveillance avec lesquelles il partage ses découvertes et ses innovations. Il est une grande source d'inspiration pour moi, tant par ses travaux que par son humanité.

Merci à Frank Platzek, mon professeur d'hypnose et ami, qui, le premier, a remis en cause les croyances qui m'enfermaient dans une prison sans porte. En marchant le long du canal Saint-Martin, je me souviens encore du bruit fracassant de ces murs imaginaires qui tombaient par terre les uns après les autres, laissant place au soleil et à la liberté.

Merci à Catherine, ma sœur et collègue, qui a sauté à pieds joints avec moi sur la route de l'hypnose, c'est tellement plus agréable de cheminer ensemble !

Merci à Colette, ma mère, qui, par son soutien indéfectible, contribue à me faire croire que « tout est possible » (ou presque) !

Merci à Élodie Bourdon, mon éditrice, pour ses conseils avisés et pertinents, qui m'orientent toujours dans la bonne direction.

BIBLIOGRAPHIE

BANDLER Richard, *Les secrets de la communication*, J'ai lu, 2011.

BANDLER Richard, *Un cerveau pour changer*, Pocket, 2008.

DILTS Robert, *Changer les systèmes de croyances avec la PNL*, InterÉditions, 2006.

DILTS Robert, *Croyances et santé*, Desclée de Brouwer, 1994.

DILTS Robert, *Sleight of Mouth : The Magic of Conversational Belief Change*, 2006.

KORZYBSKI Alfred, *Une carte n'est pas le territoire*, éditions de l'Éclat, 1998.

LORENZ Konrad, *Les Oies Cendrées*, Albin Michel, 1989.

MCKENNA Paul, *Changez de vie en 7 jours*, Marabout, 2014.

ROUMANOFF Colette, *Alzheimer – Accompagner ceux qu'on aime (et les autres)*, J'ai lu, collection Librio Idées, 2017.

ROUMANOFF Colette, *Le bonheur plus fort que l'oubli*, Michel Lafon, 2015.

ROUMANOFF Colette, *L'homme qui tartinait une éponge*, éditions de La Martinière, 2018

ROUMANOFF Valérie, *À l'école comme un poisson dans l'eau*, First, 2019.

ROUMANOFF Valérie, *Et si on arrêtait de crier sur nos enfants*, First, 2018.

ROUMANOFF Valérie, *Les histoires magiques du soir, 15 contes hypnotiques pour bien grandir*, First, 2019.

ROUMANOFF Valérie, *Vos problèmes vous veulent du bien*, Larousse, 2018.

ROUMANOFF-LEFAIVRE Catherine, *Journal d'une hypnothérapeute*, Eyrolles, 2016.

INDEX DES NOTIONS-CLÉS ET DES NOMS PROPRES

TABLE DES MATIÈRES

TABLE DES ÉTUDES DE CAS

TABLE DES EXERCICES

TABLE DES PISTES AUDIO

Pour toutes questions, vous pouvez me contacter
via mon site www.pourallermieux.com, où vous trouverez
des informations sur l'hypnose, la PNL
et les stages de développement personnel que je propose.

PAPIER À BASE DE FIBRES CERTIFIÉES

LAROUSSE s'engage pour l'environnement en réduisant l'empreinte carbone de ses livres. Celle de cet exemplaire est de :
550 g éq. CO_2
Rendez-vous sur www.larousse-durable.fr

Achevé d'imprimer en Italie par Grafica Veneta S.P.A
Dépôt légal : avril 2020
324768/01 – 11042655 – mars 2020